La Justice pésant ce droit litigieux
Demande l'Huitre, l'ouvre et l'avalle à leurs yeux,
Et par ce bel arrêt terminant la bataille,
Tenés, voila, dit elle, à chacun une Ecaille
Des sotises d'Autrui nous vivons au Palais.
Messieurs l'Huitre étoit bonne, allés vivés en paix.

Boileau Epitre II

L'AMI

DE LA CONCORDE,

OU

Essai sur les Motifs d'éviter les Procès, & sur les Moyens d'en tarir la source.

PAR UN AVOCAT AU PARLEMENT.

A LONDRES.

1765.

INTRODUCTION.

L A gloire de gagner des procès m'a toujours moins flatté que la douce satisfaction de les prévenir, ou de les accommoder. J'ai remarqué que de tous les moyens que j'ai employés pour persuader à ceux qui se sont adressé à moi, de préférer la conciliation ou l'arbitrage, à ce qu'on appelle les voies de la justice, [1]

---

[1] On appelle le recours aux Juges, pour terminer les différens, la voye de la Justice ; ce n'est pas qu'il soit plus juste de se pourvoir par cette voye, que de finir par un arbitrage ou une transaction : car au contraire il est infiniment plus conforme à la Loi divine & par conséquent plus juste,

A

celui qui m'a le plus souvent réussi
a été de leur faire une peinture vraie
de la maniere dont les contestations
sont instruites & jugées dans les Tribunaux ; de leur faire observer que,
par le grand nombre de Personnes
qui ont droit de vivre, & même de
s'enrichir aux dépens de ceux qui
plaident, les frais deviennent pres-
que toujours plus considérables que
la chose contestée, & qu'ils entraî-
nent la ruine de l'une ou l'autre,
souvent des deux Parties.

Ces succès particuliers m'ont fait
aspirer à un succès plus général, &
m'ont encouragé à proposer au Public cet essai sur les moyens de dé-
livrer l'humanité du fléau des pro-

& d'ailleurs plus utile aussi d'éviter cette voye & de recher-
cher la paix, au péril même de quelque perte, que de
plaider & s'engager dans les suites où conduisent tous les
procès, qui sont également contraires à la charité & à l'a-
mour propre. *Domat, Loix Civiles, liv. 4, du Droit public.*

cès : je le diviferai en deux Parties.

Dans la premiere je préfenterai le Tableau de la maniere dont les conteftations, qui font portées dans les Tribunaux, font inftruites & jugées; des abus & malverfations qui s'y commettent; des foins, des peines, des inquiétudes & des dangers auxquels on s'expofe en plaidant; & des frais immenfes qu'on ne peut éviter. Comme il eft raifonnable de fuppofer que la volonté des Hommes s'accordera toujours avec leur intérêt, il y a lieu de préfumer que ce Tableau, comme un abyme affreux, détournera le plus grand nombre de l'envie de plaider.

Dans la feconde Partie je propoferai un moyen de prévenir les occafions de procès, qui eft de rendre les Hommes bons & juftes, en les inftruifant jeunes des devoirs qu'ils

doivent remplir les uns envers les
autres , de graver dans leur tendre
cœur les principes d'une bonne morale pratique , qui doivent être la
regle de leur conduite.

PREMIERE PARTIE.

LE Temple de la Justice n'est plus ouvert à tous les Hommes, non seulement elle ni rend plus gratuitement ses Oracles, [1] mais à toutes les avenues de ce Temple, à chaque pas qu'on y fait, on trouve différentes sortes de Traitans déguisés sous le titre d'office, auxquels il faut payer une multitude de droits, que les besoins réitérés de l'Etat ont forcé de leur aliéner successivement.

_____

[1] L'Empereur Justinien dit lui-même, qu'après avoir bien rêvé jusqu'à passer plusieurs nuits sans dormir, & après avoir, par toutes sortes de curiosité & subtiles recherches, raisonné en lui-même pour trouver les moyens de faire vivre son peuple en repos, exempt de procès, d'injustices, & de toutes autres incommodités, fors de tributs ordinaires, il a pensé que cela arriveroit, si les Juges avoient toujours

Le premier Acte d'un procès est un exploit d'assignation. Il faut que cet Acte soit écrit sur du papier timbré, d'une certaine marque, pour laquelle il a été imposé un droit excédant de beaucoup la valeur de ce papier. Il ne peut être donné que par un Huissier, qui est une espéce de messager ou commissionnaire, qui a acquis le droit d'avertir ceux contre lesquels on veut demander quelque chose en Justice, & de certifier qu'ils ont été avertis. Il paroît que la Justice n'a pas beaucoup de confiance en ces sortes d'Officiers : car d'abord ils ont été assujettis à se faire assister de deux témoins, qui signeroient avec eux l'original & la copie de l'exploit ; ensuite, comme on a vû

les mains pures, & ne recevoient rien que ce qui leur seroit donné par le fisc. *Novelle* 3.

Nous ne devons pas douter que le même désir ne trouble souvent le repos de notre Auguste Monarque, qui aime autant ses sujets, qu'il en est aimé, & qu'il n'occupe sérieusement les Ministres & les Magistrats qu'il a chargés de travailler, conjointement au soulagement & au bonheur de ses peuples ; animés d'un saint zele pour la Justice, ils commenceront par chasser les vendeurs de son Temple.

qu'ils fe fervoient de témoins les uns aux autres, & qu'ils pouvoient abufer de leur miniftére par des antidates ou fauffetés, on a imaginé une précaution pour empêcher l'antidate, qui eft de les obliger de faire infcrire dans un Regiftre public une note de chaque exploit qu'ils donnent, ce qu'on appelle contrôler. Cet enregiftrement a été affujetti à un droit que les befoins de l'Etat & l'avidité des Traitans ont augmenté. Le Contrôleur étant homme comme l'Huiffier, qui eft-ce qui peut répondre qu'il n'abufera pas lui-même de fon miniftére ? Cela n'eft pas fans exemple.

Lorfque les délais de l'affignation font expirés, on eft obligé de fe préfenter. Un Greffier des Préfentations a traité d'un droit établi fur cette formalité, il faut lui payer ce droit, plus ou moins confidérable, fuivant les Jurifdictions.

On eft tenu en outre de conftituer un Procureur, foit pour demander, foit pour défendre. Ce Procureur eft un autre traitant auquel on a vendu, fous le titre d'office, le privilege excluſif de foutenir & de défendre en Juſtice les intérêts qu'on eſt obligé de lui confier. Il a payé pour ce privilege une finance & des taxes, moyennant leſquelles on lui a attribué des droits à prendre ſur les différens Actes de procédure qu'il fera pour ſes Parties, ou qui feront faits par le Procureur des Parties adverſes. Outre ſon office ce Procureur achete encore la confiance que différens particuliers avoient en ſon prédé-ceſſeur, à laquelle il eſpére ſuccéder, ce qu'on appelle la Pratique. Il y en a qui ſont portés à trente & quarante mille livres. Il faut que ce Procureur paye les rentes de ſon acquiſition, qu'il ſoit logé, nourri, en-tretenu, lui, ſes Clercs & Domeſtiques, qu'il ait des appartemens ſomptueuſement meublés, que ſon épouſe ait des diamants, des bijoux. Sur qui doivent tomber toutes ces Charges ? C'eſt ſur les Plaideurs. [1]

[1.] Il y a 400 Procureurs au Parlement de Paris, ce

L'efprit du Légiflateur, en dépouillant les Plaideurs du droit naturel de fe défendre eux-mêmes, a été d'empêcher qu'ils ne fiffent éclater avec fcandale leur paffion aux yeux de la Juftice ; mais pour éviter un inconvénient, on tombe fouvent dans un plus grand. Les Procureurs font hommes comme les Plaideurs, & par conféquent fujets aux paffions ; la principale qui eft le mobile de nos actions, eft l'intérêt : on doit donc s'attendre que l'intérêt des Procureurs remplacera celui des Parties, avec cette

n'eft pas exagérer de dire qu'ils reçoivent l'un portant l'autre, au moins chacun dix mille livres par an, qu'ils tirent des Plaideurs du Reffort, cela fait par conféquent quatre millions qu'ils levent fur les Sujets du Roi dans ce Reffort.

Les Procureurs au Châtelet, au nombre de deux cens trente-fix, levent au moins deux millions. Les Avocats ès Confeils, les Procureurs au Grand Confeil, à la Prévôté de l'Hôtel, au Bureau de la Ville, à l'Election, aux Confuls, reçoivent à proportion. Si on ajoute ce qui eft payé directement par les Parties aux Avocats, aux Secrétaires, aux Huiffiers, les frais de voyage & féjour des Plaideurs, les frais des premieres Jurifdictions dans les Provinces, on verra avec étonnement qu'il n'y a pas d'Armée victorieufe qui puiffe tirer autant de contributions d'un Pays conquis, que cette Milice de la Juftice en fçait tirer de fes Concitoyens.

différence que l'intérêt des Parties est toujours opposé. Celui des Procureurs est le
même, d'abuser de concert des formes pour
augmenter & multiplier leurs droits. [1]
Penser que cela n'arrivera pas le plus souvent, c'est supposer dans les hommes des
perfections dont, en général, ils ne font pas
susceptibles : voyons ce qui arrive.

Je ne ferai pas ici le détail ennuyeux des
petites chicanes de forme que se font d'a-
bord les Procureurs, qu'on appelle excep-
tions dilatoires, déclinatoires, moyens de
nullité, des incidens qu'ils multiplient, auxquels les Parties ne prennent ancune part,
qu'elles ignorent le plus souvent, qui don-

---

[1] L'usage des Procureurs étant devenu nécessaire à
toutes causes & à toutes les Parties plaidantes, ce n'est pas
merveille que ce soit aujourd'hui une vacation particu-
liere, même une vacation fort lucrative, vû que la Loi
dit qu'ils font les maîtres des causes ; aussi le font-ils bien
connoître. Leur multitude & la multiplication & allonge-
ment des procès, d'autant que ceux qui ont peu de causes
désirent ordinairement les multiplier & allonger, & comme
ils le veulent, ils le peuvent aisément. *Loiseau, des Ordres,*
chap. 8.

nent lieu cependant à des droits confidérables & à des dépenfes inutiles. Je pafferai
à la maniere dont ils préfentent les moyens
de défenfes & les répliques. Ce qui pourroit
être expofé dans une page d'écriture d'un
beau caractere, fe trouve répandu dans une
forme ridicule, fur une quantité de feuilles
de papier, qu'on appelle rôles ; le caractere eft totalement défiguré par l'affectation avec laquelle il eft écarté & allongé
dans un fens contraire au naturel. Tout l'art
confifte à remplir le plus de papier, avec le
moins de mots qu'il eft poffible , & à dire
le moins poffible de chofes, en plus de mots.
Cependant le prix du papier que les Procureurs prodiguent ainfi aux dépens des Parties , dont les intérêts leur font confiés, excé-
de vingt fois fa valeur intrinféque. Quelle
eft donc la caufe de ce facrifice évident
de l'intérêt des Parties, au profit du Traitant,
qui vend le papier ? C'eft que l'intérêt du
Procureur, contraire à celui de fa Partie,
eft en quelque façon affocié à celui du Trai-

tant ; ce Procureur ayant droit de se faire payer, non à raison de son travail, mais à raison de la quantité de papier qu'il a ainsi barbouillé.

Quand on a mis par écrit à grands frais ce que les Parties pouvoient dire de part & d'autre, il ne s'agiroit que de porter la contestation devant le Juge, pour obtenir une décision definitive ; mais par un usage qui peut être qualifié au moins d'abus, les Procureurs, même ceux qui jouissent de la meilleure réputation, avant d'aller à l'Audience ont imaginé de prendre au Greffe trois Sentences par défaut l'un contre l'autre, auxquelles ils forment opposition ; & ce n'est qu'après s'être laissé condamner respectivement trois fois, qu'ils font paroître la cause à l'Audience. N'est-ce pas encore trahir évidemment l'intérêt des Parties, & le sacrifier au profit du Traitant, qui fournit le papier & le parchemin, de ces procédures inutiles, à celui du Greffier & des Huissiers qui en partagent les frais ? Chacune de ces

Sentences occasionne au moins neuf livres de frais, tant pour l'avenir, honoraire de l'Avocat qui n'en sçait rien, droit de son Clerc, Sentence & opposition. Chacun des Procureurs en obtient au moins cent dans une année, ce qui fait pour les quatre cens Procureurs trois cens soixante mille livres. N'est-ce pas d'ailleurs perdre un temps très-précieux pour les Parties ? Les Juges pourroient facilement empêcher cet abus, en ne recevant aucune opposition aux Sentences qu'un Procureur auroit laissé obtenir par défaut contre lui, ou en le chargeant personnellement des frais qu'il auroit occasionné par sa négligence ou sa collusion, [1]

---

[1] L'Auteur du nouveau Commentaire de l'Ordonnance de 1667, après avoir parlé dans sa Préface des inconvéniens de la procédure, dit, « Mais tous ces inconvéniens, quelque grands qu'ils soient, ne viennent point de la procédure en elle-même, c'est uniquement à l'abus qu'en font les parties, & les Ministres inférieurs de la Justice qu'il faut en attribuer la cause, *& principalement à la facilité que la plûpart des Juges ont à tolerer ces abus & à leur négligence à les reprimer, comme ils le pourroient faire aisément.* »

fans pouvoir les répéter, même contre fes
Parties.

J'ai vû dans la premiere Jurifdiction ordinaire de Paris, un exemple auffi honteux
de la préférence que les Procureurs don-
noient à leur intérêt, fur celui de leurs Parties. Les Actes que les Procureurs fe font
fignifier les uns aux autres, font donnés à
des Huiffiers, qu'on appelle Audienciers,
parce qu'ils fervent aux Audiences. Ces
Huiffiers portent ces Actes ou les font porter, & ont droit de percevoir deux fols fix
deniers pour chaque fignification faite à l'ordinaire : c'eft-à-dire, à l'heure fixée pour
les recevoir. Lorfqu'il furvient quelque Acte
à faire fignifier extraordinairement, les Huiffiers les font porter, & ont droit de percevoir cinq fols pour chacun. Les Procureurs avoient fait un pacte avec les Huiffiers,
par lequel ils étoient convenus de payer
quatre fols feulement les fignifications ex-
traordinaires, & qu'ils les feroient faire
toutes de cette maniere ; enforte que les
Procureurs

Procureurs gagnoient à ce marché quarante pour cent ; où ils ne devoient rien gagner ; les Huissiers augmentoient les émolumens de leur Charge de soixante pour cent , & il en coûtoit aux Parties cent pour cent. On portoit ces significations pendant la nuit chez les Procureurs, qui avoient pratiqué à leurs portes ou fenêtres des boëtes , comme celles où on met les Lettres. Quelle confiance peuvent mériter des Mandataires aussi infidèles & aussi peu économes ? Je ne sçais si cette manœuvre se pratique encore. En n'estimant que vingt sols par jour, ce que chaque Procureur gagnoit à ce marché inique , on trouveroit pour les deux cens trente-six Procureurs, en trois cens jours seulement , soixante-dix mille huit cens livres; & pour les Huissiers , cent six mille deux cens livres , ce qui feroit un total de cent soixante - dix - sept mille livres. Supposons qu'il ne fût que de moitié , c'étoit toujours une exaction considérable sur les Plaideurs.

Si la contestation est compliquée , ou si

B

elle l'eft devenue par les incidens, on apa
pointe les Parties à écrire, produire & contredire ; c'eft alors que la caufe, devenue
inftance, [1] groffit à vûe d'œil. On ré-
péte cinq ou fix fois les mêmes chofes dans
des avertiffemens, inventaires de productions,
dans des contredits & falvations, dans des
requêtes, demandes reglées, demandes en
jugeant, requêtes d'emploi, pour fatisfaire
aux réglemens. On réferve des piéces pour
produire par production nouvelle, pour
donner lieu à de nouveaux contredits, &
à de nouvelles falvations ; toutes ces écritures font mifes en groffe, c'eft-à-dire,
étendues fur la plus grande quantité poffible de ce papier fi cher & fi peu ménagé :
les facs fe multiplient & fe rempliffent ;

---

[1] On appelle caufe une conteftation qui fe porte à
l'Audience, pour être jugée fur les plaidoieries des Avocats ou des Procureurs. On l'appelle inftance, lorfque les
Juges ne croyant pas pouvoir la décider à l'Audience, ap-
pointent les parties à écrire, produire & contredire. Souvent les Procureurs, fans la participation des Juges, con-
fentent, au préjudice des Parties, des Sentences, qui ap-
pointent fur des conteftations fort fimples.

enfin une inftance où il s'agit fouvent d'un objet très-modique, devient d'un volume & d'un poids effrayant.

Le travail même des Avocats eft eftimé en Juftice, fuivant cette proportion ridicule de là quantité de papier fur lequel il eft préfenté ; delà, cette affectation bizarre de mettre en groffe leurs écritures. Je fuis toujours furpris qu'un ordre, qui en général, penfe noblement, qui eft le feul fur lequel l'empire de la vénalité ne fe foit pas étendu, parce qu'il exige des qualités qu'on ne vend pas, ait laiffé introduire un ufage auffi contraire à fon honneur. Il a regardé comme une atteinte à fa gloire la loi par laquelle les Magiftrats avoient voulu obliger les Avocats de mettre un reçu au bas de leurs écritures ; mais n'eft-ce pas mettre un reçu que de les préfenter dans une forme onéreufe aux Parties, fous laquelle elles feront taxées ? N'eft-il pas plus deshonorant de voir la fignature d'un Avocat au bas d'une piéce d'écritures très-longue, écrite d'une maniere ridicule, qu'on sçait devoir coûter à la Partie, au moins à proportion de cette longueur, & du volume qu'elle remplit, que de voir au bas d'un précis imprimé ou écrit en beaux caracteres une quittance, ou un témoignage de la reconnoiſſance du client envers ſon défenſeur ? Quelle eſt la profeſſion dans le monde où le ſalaire n'eſt pas joint à la gloire ? [1] Il n'eſt pas déshonorant d'être payé, en exerçant un art pénible, utile & glorieux ; les Médecins ſont-ils déshonorés pour donner quittances de leurs honoraires ? [2] S'il y avoit

_____

[1] Par un Réglement de l'année 1363, il fut ordonné, qu'en prêtant le ferment aux ouvertures du Parlement, on feroit un rôle des principaux Avocats, qui en feroient charge pendant la ſéance ; qu'ils ſeroient brefs en leur plaidoyers & écritures ; que pour la conduite d'une cauſe ils ne recevroient pas plus de trente livres tournois, qui étoit une aſſez grande ſomme, car par la même Ordonnance on ne taxe à un Conſeiller allant en commiſſion à ſix chevaux, que ſoixante ſols par jour, de quelque qualité qu'il ſoit, ce qui montre le compte, & l'état qu'on faiſoit lors du labeur d'un Avocat. Les trente livres valans en ce temps plus de cent écus d'aujourd'hui. *Dialogue des Avocats, par Me Antoine Loiſel. Premiere Conférence du mois de Mai* 1602.

[2] Ces trente livres vaudroient aujourd'hui plus de

un droit établi fur le papier , que ferviroit
à écrire leurs Ordonnances ou Confultations , ne feroit-il pas plus déshonorant de
les écrire fur une multitude de feuilles de
ce papier , afin d'augmenter leur payement ?

Cet ufage de mettre en groffe les écritures d'Avocat, & de les eftimer en Juftice,
à proportion de leur longueur, [1] ne peut
qu'avilir cette profeffion ; il eft contraire à
l'intérêt de la Partie , premierement par la
perte du papier timbré, fecondement parce
que les Juges dégoûtés de la forme & de
la longueur de ces écritures , ne les lifent
pas : ce qui oblige de faire imprimer des
Mémoires pour les inftruire , & fait un dou-

---

fix cens livres. A préfent les Avocats donnent par la main
de leur Clercs des quittances des fommes qu'ils reçoivent
pour honoraires ; ils fignent même de leur propre main
les quittances des penfions qu'ils reçoivent pour affifter de
leur confeil, à des jours réglés, les perfonnes de condition
& les gens riches, pour la conduite de leurs affaires.

[1] Me Antoine Loifel, ci-deffus cité, nous apprend
que Me Marechal, Avocat, ayant fait des falvations affez
breves, la Cour lui en avoit taxé trente livres parifis, fomme
alors très-confidérable, ce qui prouve qu'on ne taxoit pas
alors les écritures à raifon de la quantité de rôles.

ble emploi ; enfin parce qu'il multiplie le
droit de révifion qui a été accordé aux Procureurs , moyennant une fomme de cent
mille livres , & qui leur a produit plus de
quarante fois leur capital, outre l'intérêt. [1]

Envain Louis XIV. de glorieufe mémoire
a donné les plus belles & les plus fages
Ordonnances pour la réformation de la Juftice , envain il a reglé la forme de procé-
der. L'article le plus important eft demeuré
fans exécution , c'eft-à-dire, l'Article XIII,

---

[1] Ce droit de révifion eft de la moitié de l'eftimation
du travail des Avocats, c'eft-à-dire, de dix fols par rôle.
Il a été rétabli en faveur des Procureurs au Parlement en
1693, moyennant cent mille livres qu'ils ont payé au Roi
dans un befoin preffant, non feulement pour ce droit, mais
encore pour racheter vingt Charges de Procureurs créées
pour la Chambre du Tréfor , & pour les autres Jurifdictions de l'enclos du Palais. En fuppofant que chacun des
quatre cens Procureurs n'ait eu annuellement, l'un portant
l'autre, que mille rôles d'écritures d'Avocat dans fon Etude,
ce qui n'eft pas exageré, eu égard à la quantité qu'on en
fait dans les inftances d'ordre, les quatre cens Procureurs
auroient perçu depuis 1693, pour ce droit, fept millions,
deux cens mille livres, au lieu de trois cens foixante mille
livres qu'auroient pû leur produire au denier vingt les cent
mille livres par eux payées. Y a-t-il jamais eu dans les
Fermes du Roi, qui font fi lucratives, aucun traité auffi
avantageux ?

du Titre XXXI. des dépens de l'Ordonnance de 1667. L'intention de ce grand
Légiſlateur étoit qu'il fût dreſſé & mis au
Greffe de chaque Juriſdiction, un tableau
ou regiſtre, dans lequel feroient écrits tous
les droits qui doivent entrer en taxe. Ce
tableau n'a pas été dreſſé : il y a eu différens Réglemens à ce ſujet, mais tous ont
le défaut eſſentiel d'eſtimer les écritures à
raiſon de la quantité de rôles. Il ſemble
que la Juſtice ait voulu propoſer des prix
à ceux qui ſçauroient le mieux faire des am-
plifications, ou qu'elle ait voulu favoriſer
les Traitans qui vendent le papier. Envain
elle a fixé le nombre de lignes qui doivent
entrer dans une page, le nombre de ſyllabes qui doivent entrer dans une ligne. On
voit que ſes Réglemens ne ſont point ob-
ſervés ; que des lignes d'écritures ne con-
tiennent ſouvent que quatre ou cinq ſyllabes, au lieu de quinze que preſcrivent les
Réglemens. D'ailleurs, ſi on aſtreint à mettre
un certain nombre de ſyllabes, on ne mul-

tipliera pas moins les rôles, en multipliant les mots, d'autant que ce font les Procureurs qui fe taxent réciproquement leurs frais. N'eft-ce pas comme fi on donnoit des paffages à garder à des contrebandiers ?

Il faudroit donc adopter une autre regle plus fage, plus économe, pour fixer les frais qui doivent entrer en taxe : de maniere que les Parties pûffent fçavoir à quoi s'en tenir, & ce qu'il pourroit leur en coûter pour faire juger tel ou tel Procès. On pourroit dreffer un tarif pour chacune des Cours & Jurifdictions, dans lequel, aux termes de l'Article ci-deffus, feroient écrits tous les droits qui doivent entrer en taxe ; on diftingueroit les caufes perfonnelles, réelles & mixtes, les matieres fommaires. On auroit égard à la valeur des objets conteftés ; au prix des logemens & des denrées néceffaires à la vie. Dans le lieu de la Jurifdiction, on a taxé la demande à une fomme fixe, fouvent trop modique. On n'a pas d'égard au travail qu'elle peut avoir occa-

fionné. On pourroit en augmentant la taxe
de la demande , fuivant la nature des affaires , taxer à proportion, à une fomme certaine les défenfes & les repliques, non com-
pris le papier ; on pourroit prefcrire la maniere d'écrire ces défenfes & ces repliques,
enforte que l'original & la copie fuffent
également lifibles. Dans les inftances ap-
pointées , les Procureurs expoferoient les
faits juftifiés par les titres, dont ils feroient
la production , comme ils font dans les inftances fur les demandes provifoires en la
Grand'Chambre , qu'on appelle appointe-
mens à mettre , dans lefquelles ils ne font
point de procédures inutiles, parce que leur
frais font taxés à une fomme fixe. On pourroit taxer de même à une fomme fixe, une
production quelconque; les Avocats fur ces
productions , donneroient les moyens de
droit , comme ils donnent leurs confultations fur les Mémoires à confulter. On a
fixé en général ce qui doit entrer en taxe
pour leurs plaidoyeries verbales , fans avoir

égard à la nature des affaires, & à ce qui a été payé par les Parties. On pourroit fixer de même, mais dans une proportion plus équitable, ce qui entreroit en taxe pour leurs plaidoyeries par écrit, fans néanmoins foumettre, par cette fixation, à un gain limité & mercenaire, l'honoraire qu'on pourroit leur offrir, mais qu'ils ne doivent jamais exiger. On ne paſſe point en taxe leurs Mémoires imprimés ; cependant les moyens des Parties y font ordinairement préfentés d'une maniere plus nette ; tous les Juges font mieux inftruits ; le Rapporteur a moins de peine. Il feroit donc à propos de taxer honnêtement ces Mémoires, & de profcrire les écritures en groſſe : cela coûteroit beaucoup moins aux Parties, & exciteroit l'honneur & l'émulation chez les Avocats.

Lorſque le travail des Procureurs auroit été plus confidérable, les Juges pourroient, en connoiſſance de caufe, adjuger des dommages-intérêts, ou des vacations extraor-

dinaires ; on pourroit même pour intéreſſer
les Procureurs au ſuccès de leurs Parties,
& les empêcher de ſe charger de mauvaiſes
affaires, diſtinguer ce qui entreroit en taxe
pour une cauſe ou inſtance gagnée ou per-
due ; on pourroit réduire à la moitié ou
aux deux tiers de la taxe générale les frais
que le Procureur d'un Demandeur ou d'un
Défendeur qui ſuccomberoit, pourroit répéter contre ſa Partie : enfin le ſeul moyen
de rétablir l'ordre, la netteté & la préci-
ſion dans l'inſtruction des Procès, eſt de
faire enſorte que le Procureur ne trouve
pas ſon intérêt dans la multiplicité des procédures. J'en connois pluſieurs qui applau-
diroient à cette réforme, qui rendroit l'honneur à leur profeſſion, & diſtingueroit la
probité & les talens. Mais je m'écarte de
mon ſujet : je n'ai ni miſſion ni autorité
pour propoſer des Réglemens. Mon état
eſt de donner des conſeils aux Plaideurs :
j'ai entrepris d'inſtruire de ce qui eſt, & non
de ce qui devroit être.

Cette multitude de facs remplis de papier
eſt remiſe au Rapporteur, qui eſt un des
Juges auquel l'inſtance a été diſtribuée, qui
eſt chargé de la voir, de l'examiner, &
d'en faire ſon rapport aux autres. Ce Rapporteur a un Clerc ou Secrétaire qui eſt ordinairement un Praticien initié dans les
myſtéres de la procédure, qui fait pour lui
un extrait des titres & de ce qui a été dit
de part & d'autre, c'eſt-à-dire, tâche de
retirer les queſtions à juger, du cahos où
elles ſont embarraſſées. Les Juges penſent
ſans doute que cet extrait n'eſt pas à leur
charge : [1] en conſéquence ils tolérent
que les Parties payent quelque choſe à leurs

[1] » Voulons que par proviſion, & en attendant que
» l'état de nos affaires nous puiſſe permettre d'augmenter
» les gages de nos Officiers de Judicature, pour leur don-
» ner moyen de rendre gratuitement la juſtice à nos Su-
» jets, aucuns de nos Juges ou autres, même de nos Cours,
» ne puiſſe prendre d'autres épices, ſalaires, ni vacations
» pour les viſites, rapports & jugement des procès civils,
» que celles qui feront taxées par celui qui aura préſidé,
» ſans qu'on puiſſe prendre ni recevoir aucuns droits, ſous
» prétexte d'extrait, *Sciendum* ou d'Arrêt. *Edit du mois de
» Mars 1673, concernant les Epices & Vacations, article
» premier.*

Secrétaires pour leurs peines. [1] Mais ils ne fçavent pas vrai-femblablement à quel point ceux-ci abufent de la permiffion. Ils exigent d'autant plus ; que leurs droits ne font fixés par aucune Loi , & que les Parties défirent d'être jugées plus prompte- ment ; ils leur vendent au poids de l'or l'expédition fuppofée, à tous de préférence. On croit même pouvoir acheter d'eux la certitude de gagner fon procès. Ce préjugé eft devenu auffi commun, qu'il eft injurieux

---

Et à l'Article 19 du même Edit :

» Les Clercs ou Commis des Préfidens, Maîtres des Re-
» quêtes, Confeillers, de nos Avocats & Procureurs Gé-
» néraux, & de leurs Subftituts, & des Greffiers & Avo-
» cats, ne pourront prendre & recevoir plus grands droits
» que ceux qui paffent en taxe aux Parties, encore qu'ils
» leur fuffent volontairement offerts, à peine d'exaction,
» qui pourra être prouvée par la dépofition de fix témoins,
» quoi qu'intéreffés, & qu'ils dépofent de faits finguliers.

[1] Les Epices à bien entendre ne font attribuées pour le falaire des Juges, qui vacquent aux heures du Confeil, au jugement des procès par écrit , mais feulement *pour payer le Rapporteur du Labeur qu'il a pû avoir & extraire le procès en fa maifon.* Auffi par les anciennes Ordonnances font-elles attribuées au Rapporteur feul, comme il fe garde encore en la Grand'Chambre du Parlement. *Loifeau, du profit des Offices,* n. 35.

aux Magiftrats, & utile à leurs Secrétaires,
qui font des fortunes auffi confidérables &
auffi rapides qu'on puiffe en faire dans les
meilleurs Emplois de la Finance.

Enfin le Rapporteur fait fon rapport, fur
lequel les autres Juges décident. Souvent
leur jugement n'eft pas définitif; & après
l'inftruction la plus ample & la plus coû-
teufe, on n'obtient qu'un jugement qu'on
appelle interlocutoire, c'eft-à-dire, par lequel on ordonne, avant faire droit, que
l'une ou l'autre des Parties rapportera la
preuve de quelque fait, ou la mefure & le
plan de quelque héritage, ou qu'il fera fait
quelque vifite ou eftimation par Experts.
Ces opérations font encore extrêmement
coûteufes, par les vacations des Juges qui
font l'enquête, les taxes des témoins qui
font entendus, ou les vacations & rapports
des Experts. Les expéditions de ces enquê-
tes ou de ces rapports, font encore mifes
en groffe, parce que les Greffiers, qui les
expedient, ont auffi le droit d'être payés,

à raiſon de la quantité de papier qu'ils employent ; enfin lorſqu'on a fait ce qui a été ordonné , nouvel appointement , en vertu duquel on écrit de nouveau , on produit & on contredit ; nouvelles exactions du Secrétaire ; il faut conſigner des vacations , [1] & on procéde au jugement définitif.

Dans quelles tranſes n'eſt pas alors un pauvre Plaideur ? Il faut l'avoir été pour pouvoir l'exprimer. Je juge par l'inquiétude que j'ai eſſuyée , ſur le jugement des procès que j'ai défendus , de l'inquiétude plus grande que doivent avoir les Parties. On pourroit la comparer à celle d'un joueur , qui

---

[1] Par-tout, où l'argent trouve entrée, quelque petite qu'elle ſoit , il s'en rend enfin le maître , & en chaſſe ou éloigne l'honneur & la vertu , deſquels il eſt ennemi. Auſſi cette invention d'épices d'or, ayant été établie, les Juges ont voulu au ſemblable avoir taxe des expéditions qu'ils font aux procès, hors les heures auxquelles ils doivent aſſiſtance & ſervice en leurs Offices, qui ſont les heures d'Audience & de Conſeil, pour leſquelles ils confeſſent bien ne devoir prendre aucun ſalaire. Ainſi voit-on que Meſſieurs les Conſeillers & Meſſeigneurs les Préſidens de la Cour de Parlement prennent ſalaire des vacations qu'ils font aux procès de Commiſſaires, hors les heures qu'ils doivent aſſiſtance à l'Ordinaire. *Loiſeau, du profit des Offices, n.* 34 & 44.

à eu la témérité d'expofer fa fortune à un coup de dez ; en effet il eft paffé en proverbe que ce qui eft au jugement des hommes eft incertain. [1]

Quelque intégres & éclairés qu'on fuppofe les Juges, la foibleffe humaine, la diverfité des efprits & des caracteres, doit toujours faire trembler jufqu'à ce que le jugement foit prononcé ou figné. Tel gagne un grand procès d'une voix, qui fans cette voix, l'auroit perdu ; & auroit été ruiné fans reffource. Tel a gagné dans une Chambre du Parlement, qui auroit perdu dans une autre.

Je ne fuppoferai pas avec le vulgaire, toujours prévenu, qu'il y ait des Juges qui, abufans de leurs génie & de leurs talens, préfentent les affaires dans un fens favorable aux Parties qu'ils veulent protéger, font

---

[1] C'eft par cette raifon, fans doute, que le Juge Bridoye, dont parle Rabelais, liv. III , chap. XXXVII & XXXVIII, jugeoit les procès avec des dez. *Voyez ces deux Chapitres.*

pancher

pancher la balance du côté qui leur plaît, & font triompher fciemment l'injuftice & la mauvaife foi ; d'autres, qui moins occupés du foin de remplir les devoirs de leur Charge, que de paffer leur temps agréablement, jugent pour ainfi dire au hazard, fe laiffent emporter par le crédit & la faveur, ouvrent leur cœur aux charmes d'un fexe féduifant, & n'ont d'autre décifion que celle qu'on leur infpire. Le mal ne doit pas fe préfumer, il feroit cependant à propos que les Magiftrats détruififfent ce préjugé fur les effets puiffans des follicitations, en n'en fouffrant abfolument aucunes, & les puniffant même, comme injurieufes.

Le moyen d'y parvenir feroit de remettre fur les yeux de la Juftice le bandeau avec lequel elle étoit autrefois repréfentée, pour marquer qu'elle devoit toujours juger fans acception de perfonnes, c'eft-à-dire, faire enforte que les Parties ne pûffent fçavoir quel feroit leur Rapporteur, & quand elles feroient jugées ; que la juftice fût rendue indifférem-

C

ment , même pour l'expédition , au pauvre comme au riche , au plus puiſſant, comme au plus foible ; & que lorſqu'on ne pourroit expédier toutes les conteſtations prêtes à juger , le ſort ſeul décidât de la préférence. Il y auroit encore ſur cette matiere de bons Réglemens à propoſer, mais qui ne ſont pas de mon ſujet.

Lorſque les Juges ont décidé, ſi la Partie condamnée ne veut pas ſe ſoumettre , il faut pour pouvoir la contraindre , faire expédier le Jugement. Pour y parvenir il faut d'abord payer au Secrétaire un droit pour remettre les piéces. Au Greffe il faut payer les épices qui ont été taxées , payer le Greffier pour faire le vû , c'eſt-à-dire, pour annoncer toutes les procédures qui ont été faites ; enfin pour l'expédition , tout cela ne ſe fait pas ſans des dépenſes conſidérables.

Les Oracles de la Juſtice devroient être écrits en lettres d'or, ou du moins en beaux caractères , corrects & liſibles ; mais les be soins de l'Etat ont encore répandu leur maligne influence sur cet objet ; des particuliers ont acheté le droit d'écrire les Jugemens , & d'être payés en raison inverse de la beauté & de la correction de leur écriture, c'est-à-dire, que plus ils la défigurent, plus ils gâtent de parchemin , plus ils sont récompensés. Ce sont encore des Traitans écrivains , associés à ceux qui vendent le parchemin , qui gagnent d'autant plus, qu'ils font plus mal. [1]

_____

[1] On ne peut se dispenser, à l'égard de ces Ecrivains, d'estimer leur ouvrage à raison de la longueur, parce qu'ils n'y mettent rien du leur, & ne font que copier ; mais on pourroit les obliger de se conformer aux Réglemens, & avoir plus d'attention à leur écriture.

En 1691, le Roi, par une Déclaration, disoit qu'il avoit reçu plusieurs Plaintes & Mémoires en son Conseil de ce que les Greffiers, Procureurs, Huissiers , Sergens & autres Officiers, *affectoient de mettre sur un rôle de papier ou parchemin, autant d'écritures qu'en devoient contenir plusieurs ;* pourquoi, après avoir pris les avis des Procureurs - Généraux & Officiers des Cours, & avoir fait examiner le tout en son Conseil, ayant été trouvé nécessaire d'arrêter le cours des abus & contraventions par un Réglement certain , il a ordonné que les Arrêts du Parlement, Chambre des Comptes & Cours des Aydes, dont il reste minute au Greffe , seront expédiés en parchemin, d'un seul volume, *dont la page contiendra 22 lignes, quinze syllabes à la ligne, une ligne compensant l'autre.*

Il est aisé de voir que ces Officiers se sont bien corrigés,

Combien de foins , de peines , d'inquiétudes & de dépenfes pour obtenir ce Jugement ; mais il n'eft pas en dernier reffort.
La Partie condamnée , qui fe rendoit , fi il
n'étoit queftion que de l'objet contefté , fe
voyant ruinée par la condamnation de dépens , rifque le tout pour le tout , elle in-
terjette appel Il fembleroit que pour fçavoir
fi les premiers Juges ont bien ou mal jugé, il
ne s'agiroit que de préfenter devant les Juges fupérieurs toute la premiere inftruction ,
avec le Jugement , & attendre avec refpect
leur Arrêt. Mais il faut encore effuyer une nouvelle inftruction : ce qui fe nommoit inftance
devant les premiers Juges , devient devant
les Juges d'appel , un procès par écrit ; ce
qui étoit une fimple caufe , devient une inftance , par le moyen des ajoutés. Au rôle
on fignifie des griefs, ou des caufes & moyens
d'appel , des réponfes , falvations , &c. qui

puifqu'à préfent ils mettent fur plufieurs rôles ce qui devoit , fuivant cette Déclaration , donnée en faveur des Fer-
miers du papier & parchemin , être mis fur un feul.

groſſiſſent d'autant plus le procès. Dirai-je,
que moyennant quelques louis, on eſt diſtri-
bué à quelle Chambre on veut, qu'on a
le Rapporteur qu'on déſire, & que par-là
on achete un ſuccès preſque certain? Pourquoi ne le dirois-je pas, puiſque c'eſt la
vérité, & que ceux qui ont le talent d'opé-
rer ces merveilles, ſeroient fâchés qu'on
l'ignorât? Il faut encore payer un Secrétaire pour l'extrait & la remiſe; le Greffier
pour le vû & la façon de l'Arrêt; il faut
conſigner des vacations, avant le Jugement;
payer des épices après; il faut encore payer
l'expédition de l'Arrêt. S'il y a quelque
choſe qui intéreſſe le miniſtére public, il
faut payer un autre Secrétaire d'un Subſti-
tut de Monſieur le Procureur-Général, pour
lui faire l'extrait du Procès. Il ne faut pas
moins payer des épices pour ſes Conclu-
ſions. La Partie condamnée devient inſol-
vable, & le victorieux ſe trouve ruiné. Si
il étoit permis de comparer les guerres que
ſe font les Souverains, avec les querelles

C iij

des Particuliers, on diroit que comme les Souverains, après avoir fait de grands efforts & remporté de grandes victoires, se trouvent, à la paix qui est la fin du procès, épuisés d'hommes, d'argent & de forces de toute espéce, & s'en ressentent long-tems; de même celui qui a gagné un procès, se trouve épuisé : si il en a gagné plusieurs, il se trouve ruiné. Boileau étoit bien convaincu de cette vérité, lorsqu'il disoit à son ami :

Crois-moi, dût Auzanet t'assurer du succès,
Abbé, n'entreprens pas même un juste procès,
N'imite pas ces fols, dont la sotte avarice,
Va de ses revenus engraisser la Justice ;
Qui toujours assignans, & toujours assignés,
Souvent demeurent gueux de vingt procès gagnés.
Epître à l'Abbé Desroches.

C'est ainsi que s'instruisent les procès de particulier à particulier. On voit que cette instruction est tout-à-fait ruineuse ; mais ce n'est rien, si on la compare à l'instruction des procès, qu'occasionne entre plusieurs particuliers, le partage des dépouilles de leur débiteur commun , c'eſt-à-dire , ce qu'on appelle en Juſtice , l'ordre & diſtribution du prix des immeubles ſaiſis réellement & vendus par décret , & la préférence pour les ſommes mobiliaires , ou le prix des meubles.

Les Loix qui reglent cette diſtribution ſont ſi claires , ſi préciſes , & ſi peu ignorées , qu'il n'eſt aucun créancier qui , connoiſſant les titres des autres , ne ſe plaçât lui-même à ſon rang ; mais l'intérêt des miniſtres de la Juſtice prévaut encore ici ſur l'intérêt général. On obſerve à cet égard la forme la plus abuſive , par le moyen de laquelle le prix des biens les plus conſidérables ſe trouve englouti dans un gouffre de procédures fruſtratoires & inutiles. Il y a long-tems qu'on ſe plaint de cette forme , qu'on reclame l'autorité Souveraine pour avoir de bonnes loix ſur cette matiere. [1]

---

[1] Voyez le Traité de la vente des Immeubles par décret, *par M. de Héricourt, chap.* 14.

Les Etats affemblés à Blois l'ont demandé
dès 1588 , mais on a été obligé de foutenir
des guerres. On n'a eu ni le temps de fon-
ger au bonheur des Peuples , ni le pouvoir
de les rendre heureux. Les foins & l'argent
qu'on auroit pû donner à la police de l'E-
tat , on a été obligé de les donner à fa fû-
reté. Il faut un grand nombre d'années de
paix pour pouvoir réparer les défordres
caufés par une année de guerre. Les befoins
preffans ont occafionné des créations d'offices , c'eft-à-dire , des traités , par lefquels
on a attribué à des Particuliers des droits
fur le prix des biens faifis & vendus par décret. Tels que les droits des Commiffaires aux
Saifies Réelles & de Confignation , qui font
confidérables , & abforbent une partie des
biens , au préjudice des Créanciers & des
Parties faifies. On pourroit dire que ces
droits ont pour caufe un établiffement utile ; mais ce qui donne au droit de confignation le caractere d'impôt , c'eft qu'il fe
perçoit fouvent fur ce qui n'eft pas con-

figné, [1] & par un fous - traité qu'on qua-
lifiera, comme on jugera à propos, les
Procureurs qui ont l'habileté de tourner leur
procédure, de maniere qu'elle donne lieu
à ce droit, font récompenfés par le Traitant, qui les affocie avec lui, en leur re-
mettant une partie des droits qu'ils lui oc-
cafionnent.

A l'égard de la maniere de fixer l'ordre
dans lequel les Créanciers doivent toucher
le prix des biens vendus, elle ne peut être
excufée ; elle eft diamétralement oppofée à
l'intérêt des Créanciers & du Débiteur.

Lorfqu'un héritage eft adjugé, & le prix
configné, le Procureur du pourfuivant ob-

─────────────────────────────

[1] Loifeau parlant de l'Edit qui devoit créér des Offices de Receveur des Confignations & Commiffaires aux
Saifies Réelles, difoit :
   » Auffi il y a long-tems qu'on dit qu'il y a Edit arrêté
» pour ériger en titre d'Office des Commiffaires & Gar-
» diens des biens faifis, qui fera à mon avis un bon Edit,
» pourvû que le fifc n'y prenne rien ou peu, autrement
» ce feroit chofe dangereufe & honteufe qu'il profitât de
» la mifere des plus miférables, & qu'il prît part aux biens
» de ceux qui n'en ayant pas affez pour s'acquitter, font
» au-delà du pain, comme ont dit communément. »

tient un Jugement qui appointe tous les oppofans à écrire, produire & contredire. On a vû ci-devant ce que c'eſt qu'une conteſtation appointée entre deux particuliers. On peut juger ce qu'elle fera, lorſqu'elle fera appointée entre deux ou trois cens Parties. Le Procureur pourſuivant, fournit pour ſa Partie des cauſes & moyens de fon oppoſition, des requêtes, inventaire de production, & il produit ſes titres de créance. Chacun des créanciers fait de même fa production. Le Procureur pourſuivant & le Procureur plus ancien des oppoſans, font alternativement la choüette à tous les créanciers. Quoique convaincus du droit de chacun, ils ne laiſſent pas échapper l'occaſion de gagner, en propoſant des difficultés, en faiſant ſignifier de longues écritures, pour dire qu'ils s'en rapportent à la prudence de la Cour; les facs ſe multiplient à l'infini, l'inſtruction dure un temps trèsconſidérable, pendant lequel les créanciers font privés de leur argent; les intérêts courrent contre le débiteur ; les frais de l'ordre se prenant fur les fonds confignés ; les différens entre les oppofans fe jugent aux dépens de ceux qui n'y ont aucun intérêt, dont les collocations ne peuvent être conteftées. Les vacations des Commiffaires & les épices multiplient encore extraordinairement les frais. Enfin il intervient un Jugement fur l'ordre, qui n'eft, à proprement parler, qu'une lifte des créanciers dans l'ordre de leurs hypotéques ou priviléges. On ne manque pas de vifer bien au long dans ce Jugement, toutes les procédures ? il eft expédié dans la même forme & avec encore moins d'économie que les autres. On en voit en cinq & fix mille rôles de parchemin. Ce Jugement eft fignifié à tous les créanciers ; le droit de copie eft taxé au Procureur, à raifon de tant du rôle de la groffe. La feule fignification lui vaut quelquefois quarante & cinquante mille livres. On peut juger à combien doivent monter les frais qui l'ont précédé. Qu'on

ne foit donc plus étonné fi le prix des biens
les plus confidérables fe trouve abforbé ;
qu'on n'impute pas même aux Procureurs
feuls ces effets malheureux : ils font autorifés
par l'appointement, qui étant une fois prononcé, tout le refte en devient l'effet & la
fuite, comme indifpenfable. [1]

Pour éviter une partie de ces inconvéniens, diminuer les frais & accélérer le
payement des créanciers, on avoit imaginé des directions; mais, dit Me Denizar
en fa Collection de Jurifprudence, au mot
Direction, ,, l'expérience juftifie qu'elles
,, font plus ruineufes que les décrets, &
,, qu'elles font infiniment plus longues. Des
,, Directeurs des Séqueftres & des Agens

---

[1] Voyez encore le Traité de la vente des immeubles,
ci-deffus cité. L'Auteur propofe des moyens bien fimples
de remédier à ces inconvéniens. Je ne les rapporterai pas,
parce qu'ils ne dépendent pas des Parties. J'obferverai feulement que ces frais immenfes des décrets & des ordres,
banniffent toute confiance; les priviléges & les hypotéques
fur les fonds les plus confidérables étant rendus inutiles,
on ne veut plus prêter pour compenfer les bénéfices avec
les rifques; on ne prête plus qu'à ufure.

,, font à peine nommés, qu'ils oublient
,, qu'ils ne font que mandataires chargés
,, de rendre compte; devenus maîtres de
,, l'adminiſtration, l'intérêt des créanciers
,, diſparoît à leurs yeux, & après un grand
,, nombre d'années, on eſt étonné d'appren-
,, dre qu'il n'y a plus rien. ,, (C'eſt un Procureur qui fait cette remarque.)

Tels font les inconvéniens & les abus des
procès dans les Juriſdictions qui paſſent pour
les mieux réglées, fous les yeux des premiers Magiſtrats. Combien d'autres abus ſe
commettent dans les Juriſdictions éloignées,
dans les Juſtices de Village, par l'ignorance des Juges, l'avidité moins déguiſée des
Praticiens ! Combien de chicanes ils ſubſti-
tuent à la procédure qu'ils ignorent ! Combien d'inconvéniens dans les différens dégrés
de Juſtices reſſortiſſantes l'une à l'autre ! Il
n'eſt pas poſſible d'exprimer mieux ces inconvéniens, que l'a fait Loiſeau, dans un
diſcours ſur ce ſujet ; c'eſt pourquoi j'en
rapporterai mot à mot les principaux traits.

,, Il eft notoire, dit-il, que cette multipli-
,, cation de dégrés de Jurifdiction, rend les
,, procès immortels ; & à vrai dire, ce
,, grand nombre de Juftices ôte moyen aux
,, Peuples d'avoir juftice.

Nec querimur jus non dici legefque filere,
Jus nimium dici querimur.

,, Car qui eft le pauvre Payfan qui, plai-
,, dant de fes brebis & de fes vaches, n'ai-
,, me mieux les abandonner à celui qui les
,, retient injuftement, qu'être contraint de
,, paffer par cinq ou fix Juftices, avant qu'a-
,, voir Arrêt ; & fi il fe réfout à plaider
,, jufqu'au bout, y a-t-il brebis ou vaches
,, qui puiffe tant vivre, même que le maî-
,, tre mourra avant que fon procès foit
,, jugé en dernier reffort ? Qui eft le mi-
,, neur, qui pourfuivant la reddition de
,, fon compte aux lieux où il y a tant de dé-
,, grés de Jurifdiction, ne devienne vieil
,, avant d'avoir fon bien, fi fon Tuteur fe
,, réfout à plaider jufqu'à la fin ? Quelle

,, injuftice eft-ce là , qu'un jeune homme
,, paffe tout fon âge , employe tout fon
,, labeur , confomme tout fon bien en un
,, méchant procès , & qui pis eft , appré-
,, hendant l'incertitude de tant de divers
,, Jugemens , il foit toute fa vie en allar-
,, mes , & dans des appréhenfions conti-
,, nuelles d'être ruiné !

,, Si nous appréhendons à notre mal l'au-
,, trui, nous croirons qu'abréger une année
,, de procès au pauvre Peuple, n'eft pas un
,, moindre bien que de lui épargner une
,, année de maladie & de langueur conti-
,, nuelle.

,, Et ne faut pas dire que c'eft le foula-
,, gement du Peuple , de lui rendre juftice
,, fur le lieu. Car, à bien entendre, les frais
,, font plus grands en ces petites mangeries
,, de Village , qu'aux amples Juftices des
,, Villes , où premierement les Juges ne
,, prennent rien des expéditions de l'Au-
,, dience ; & au Village, pour avoir un mé-
,, chant appointement de caufe , il faut

,, fouler le Juge , le Greffier & les Procu-
,, reurs de la caufe, en une belle taverne,
,, qui eft le lieu d'honneur , où les Actes
,, font compofés , & où bien fouvent les
,, caufes font jugées à l'avantage de celui
,, qui paye l'écot. Et quant aux caufes ap-
,, pointées en Droit , car il ne s'en juge
,, point fur le champ , quelque légéres
,, qu'elles foient , il les faut porter aux bon-
,, nes Villes, pour avoir du confeil ; & fous ce
,, prétexte , les épices n'en font pas moin-
,, dres , outre que quand ces mangeurs &
,, fang-fues de Village ont une riche Partie en
,, main , ils fçavent bien allonger pratique,
,, & faire durer la caufe autant que fon argent.

Non miſſura cutem niſi plena cruoris hirudo.

,, Mais voici le comble du mal , c'eft
,, que non-feulement la Juftice eft lon-
,, gue & de grand coût aux Villages, mais
,, furtout elle y eft très-mauvaife ; elle eft
,, rendue par gens de peu , fans honneur ,
,, fans confcience, gens qui de leur jeuneſſe

n'ayant

,, n'ayant appris à travailler , ont fait état
,, de vivre aux dépens de la mifere d'au-
,, trui , ou qui ayant confommé leurs
,, moyens , tachent à fe recourre fur leurs
,, voifins , par la chicanerie qu'ils ont ap-
,, prife en plaidant ; gens accoutumés à
,, vivre en débauche aux tavernes , où ils
,, s'habituent à faire toutes fortes de marchés;
,, gens qui s'allient enfemble pour courir
,, les Villages & Marchés , & changent
,, tous les jours de perfonnages , parce que
,, celui qui eft aujourd'hui Juge en un Vil-
,, lage , eft demain Greffier en l'autre ,
,, après demain Procureur de Seigneurie
,, en un autre , puis Sergent en un autre ,
,, & encore en un autre il poftule pour les
,, Parties ; & ainfi vivans enfemble & s'en-
,, tre-entendans, ils fe renvoyent la pelotte ,
,, ou pour mieux dire , la bourfe , comme
,, larrons en foire.

,, C'eft la ruine d'un Village d'y avoir
,, Juftice : car cela apprend à plaider aux
,, Payfans , & les détourne de leur travail.

D

,, S'il y a une ligue de chicaneurs , ils tien-
,, nent tous les bons Laboureurs en bride ;
,, fi il y a un bon ménager , ces chicaneurs
,, lui courrent fus , & ne ceffent qu'ils ne
,, l'ayent ruiné ; que fi on dit en proverbe
,, qu'il ne faut qu'un Sergent pour ruiner
,, un Village, que fera-ce , fi il y a un nom-
,, bre complet d'Officiers ?

Il conclud en difant ,, le plus grand &
,, le plus important abus qui foit en Fran-
,, ce, ce font ces mangeries de Village, que
,, je ne peux appeller Juftices , parce qu'il
,, ne s'y fait rien moins que la Juftice.

Ces abus , loin d'être diminués depuis le
temps où Loifeau écrivoit , font plutôt au-
gmentés. Les Praticiens fe font multipliés
dans les Villages , & s'occupent à femer par-
tout la difcorde, pour en recueillir les fruits.

Un Gentilhomme dans fa Terre, un La-
boureur , un Artifan a-t-il quelque préten-
tion à exercer , quelque intérêt à difcuter ?
il va trouver un Praticien, qui fouvent plus
ignorant que celui qui le confulte, toujours

plus occupé de fon intérêt, lui confeille de donner une affignation, comme un Chirurgien de Village, appellé pour voir un malade, confeille & exécute auffi-tôt une faignée.

Une affignation donnée aigrit les efprits, enfante des volumes d'écritures & de procédures : les frais deviennent bientôt plus confidérables que l'objet du litige ; & font un obftacle à la conciliation. L'affaire eft portée de Tribunaux en Tribunaux ; les procès deviennent un objet de commerce ; le Praticien d'une Juftice de Village a pour correfpondant un Procureur dans la Jurifdiction fupérieure à la fienne : celui-ci un Procureur d'un Bailliage ou Sénéchauffée, & ceux-ci ont pour correfpondans des Procureurs au Parlement. Aucun de ces différens correfpondans ne confeille la paix, tous au contraire fçavent flatter les paffions des plaideurs.

Et dans les cœurs brûlans de la foif de plaider,
Verfent l'amour de nuire & la peur de céder.
Boileau, Poëme du Lutrin.

Lorſque ces différens correſpondans s'envoyent quelque procès , rarement font-ils
mention de la juſtice ou de l'injuſtice des
prétentions de leurs Parties ; mais ils ont
foin de s'inſtruire de leurs facultés : ſont-elles
riches, ou ſont-elles pauvres ; voilà ce qu'il
importe le plus de ſçavoir. Si elles ſont riches,
leur procès , bon ou mauvais , ſera inſtruit
le plus amplement. Lorſqu'il arrive , le Procureur regarde ſeulement l'étiquette du ſac ;
ſi c'eſt un appel , il l'envoye auſſi-tôt à un
Avocat , qui après avoir été Clerc chez lui,
a pris ce titre trop aiſé à obtenir , auquel
il marque de faire des griefs , comme il lui
diſoit étant Clerc de faire une requête. Cet
Avocat examine les procédures faites dans
les premieres Juriſdictions , en fait un long
détail dans le ſtyle de Procureur ; ſouvent
il apperçoit que l'appel eſt mal-fondé , que
la Sentence a bien jugé , & qu'il eſt difficile de propoſer des griefs raiſonnables. Cependant le Procureur lui a envoyé le procès , non pour avoir ſon avis , mais pour

[53]

faîre des griefs : il aura d'abord perdu le temps qu'il a employé à l'examiner, le Procureur ne lui envoyera plus de procès; c'eſt un jeune Avocat qui cherche à travailler, qui en a beſoin, il ne peut être occupé d'abord que par le moyen des Procureurs. Combien de motifs pour ne pas renvoyer le procès ſans griefs ! Il en cherche, il en propoſe, il les renvoye au Procureur qui les fait mettre en groſſe, juge par leur étendue & leur volume, de l'étendue des lumieres & des talens de l'Avocat, & lui prodigue des louanges, qui ſont ſouvent une partie de ſon payement. Delà vient qu'on ſoutient tant de mauvais procès; que dans des écritures d'Avocat qui ne devroient être que des diſſertations ſçavantes, ſur des queſtions de droit problématiques, qui ſont à préſent en petit nombre, on met ſouvent en queſtion les maximes les plus conſtantes; que le miniſtére de l'Avocat, qui ne devroit être que le moraliſte & le prédicateur de la vérité & de l'équité, eſt employé hon-

D iij

reufement à foutenir le menfonge & l'injuftice, & à ruiner les Parties, qui font fouvent de bonne foi.

Le moyen d'éviter cet inconvénient feroit
que les Parties, avant de s'adreffer au Procureur, fiffent remettre leurs procès entre
les mains d'un Avocat d'une probité reconnue, qui en leur faifant appercevoir l'erreur dans laquelle ils ont été induits, leur
rendroit un fervice plus fignalé que de les
défendre, & les empêcheroit de fe ruiner.

A toutes ces déprédations, il faut ajouter
celles qui fe commettent dans les fuccef-
fions par les frais d'oppofition & levée de
fcellés, inventaire, vente, liquidations,
comptes & partages. On multiplie les vacations à l'infini par des dires & des incidens
inutiles ; on prodigue les rôles de papier
timbré, dont on laiffe un tiers en marge,
& on écarte fur les deux autres tiers trois
ou quatre fyllabes par ligne. [1] Un

----

[1] On trouve dans les Réglemens de la Juftice, Edi-
tion de 1719, page 212, un Arrêt du Parlement rendu

abus énorme , entre autres , eſt celui du droit de ſuite du Scel du Châtelet , par lequel , ſi un particulier meurt à Paris , & qu'il y ait une chambre meublée , & quelquefois une ſeule valiſe , un Commiſſaire au Châtelet vient appoſer le ſcellé ſur cette valiſe ; & ſi ce particulier a une Terre ou un autre domicile à cent lieues de Paris , le Commiſſaire , le Notaire , Huiſſier-Priſeur , Procureurs ſe tranſportent à grands frais pour appoſer les ſcellés & faire l'inventaire , & conſomment en frais les ſucceſſions les plus conſidérables. [1] Dans les ſucceſſions collatérales , ſurtout les Officiers de la

_____

en 1688 , confirmatif d'une Sentence du Lieutenant Civil du Châtelet de Paris , par laquelle des frais d'appoſition & levée de ſcellés , inventaire & vente avoient été taxés & réduits de 1000 livres à 440 livres , tant pour le nombre des vacations qui avoient été multipliés , que par les rôles des procès-verbaux qui ont été réduits , à raiſon de 22 lignes à la page , & 15 ſyllabes à la ligne , au lieu de 17 lignes & cinq ſyllabes qu'ils contenoient. Il n'y a preſque point de ſucceſſions où on ne puiſſe demander & obtenir de pareilles réductions.

[1] Si il n'y avoit que le Notaire ſeul qui ſe tranſportât pour faire l'inventaire , les droits de contrôle qu'il exempte pourroient dédommager des frais de ſon tranſport.

Juftice, les regardent comme leur patrimoine, & penfent ufer de modération, lorfqu'ils n'emportent qu'une portion d'héritier. J'ai actuellement fous les yeux l'exemple d'une fucceffion d'environ trente mille livres, de laquelle les Officiers de la Juftice, fans qu'il y ait eu de conteftation entre les héritiers, ont d'abord prélevé près de fix mille livres. C'eft toujours le plus clair & le plus net qui eft employé à payer ces frais, qui font toujours privilegiés : il a fallu dans cette fucceffion, après avoir confommé les deniers comptans, la vaiffelle d'argent, & le prix des meubles, vendre encore tous les beftiaux qui fervoient à l'exploitation des biens-immeubles, pour payer ces fang-fues qui ne quittent prife, que lorfqu'il n'y a plus rien. Les héritiers fe trouvent enfuite propriétaires des biens-fonds, chargés de payer le centiéme denier, les droits Seigneuriaux, les impôts ordinaires ; ils n'ont point d'argent pour faire les réparations, point d'avances pour faire

les cultures, point de beftiaux pour l'amen-
dement, & c'eft la Juftice qui eft caufe de
tous ces maux.

Je crois avoir fuffifamment dévoilé que l'intérêt des miniftres de la Juftice eft toujours
oppofé à celui des Parties qui font obligées
d'y avoir recours, que par conféquent toute
perfonne qui fera ufage de fa raifon, évi-
tera les procès. Mais, dira-t-on, il eft auffi
impoffible que les hommes vivent fans différent, qu'il eft impoffible qu'ils vivent fans
paffions ; leurs intérêts s'entrechoquent de
mille manieres ; on a affaire à un débiteur
de mauvaife foi ; on eft attaqué par un chi-
caneur, le recours à la Juftice ne devient-il
pas néceffaire en pareil cas & dans une infinité d'autres ?

Je réponds que s'il y a des occafions où
il foit indifpenfable de plaider, elles font
en petit nombre : il n'y a prefque point de
différent qu'on ne puiffe terminer par les
voyes de la douceur ou de l'arbitrage ; tous
les hommes font fenfibles aux bons procé-

dés ; donnez des facilités à votre débiteur,
ne lui faites pas donner une affignation,
fans l'avoir prévenu , écoutez fes excufes ,
prêtez-vous aux arrangemens raifonnables
qu'il aura à vous propofer , n'exigez pas
de lui l'impoffible ; fi vous avez des droits
à exercer contre quelqu'un , ou fi on forme
une demande contre vous , parlez ou faites
parler à votre adverfaire , propofez-lui d'e-
xercer à l'amiable vos droits refpectifs. N'eft-
il pas plus gracieux & plus fage de former
fes demandes par l'entremife d'amis communs , que par le miniftere d'un Huiffier ?
Ne peut-on fe communiquer fes moyens
de défenfes autrement que fur du papier
timbré, dans la forme ridicule, dans le ftyle
barbare & groffier de la chicane, & avec
des dépenfes confidérables ? Si on ne peut
s'accorder par l'entremife d'amis communs,
ou fi dans des cas particuliers, comme lorfqu'il s'agit des intérêts des Mineurs ou des
Eglifes , Fabriques & Communautés, il eft
néceffaire d'avoir recours aux Juges , &

l'ils prononcent pour la décharge des Tu-
urs ou des Acminiftrateurs, qui ne peuvent prendre fur eux une tranfaction ; alors
même les Parties, fi elles ne font pas ani-
mées par des fentimens de haine, d'ambition, d'orguei ou de jaloufie, pourront
faire à l'amiable tout ce qu'on appelle l'inftruction, convenir des faits, réduire les
queftions, & les préfenter de concert à la
Juftice, pour obtenir fa décifion. Elles évi-
teroient par-là une grande partie des frais,
& bien des longueurs & procédures inutiles. J'ai vû, entr'autres, l'exemple d'un
procès entre deux Eccléfiaftiques, où il s'a-
giffoit d'un arbre eftimé 28 livres. L'un Sei-
gneur Haut-Jufticier, prétendoit que cet
arbre étoit dans un chemin, & lui appar-
tenoit. L'autre foutenoit que cet arbre étoit
dans fa Terre. Cette fimple queftion de fait
a coûté deux mille huit cens livres au Sei-
gneur Haut-Jufticier qui a fuccombé, &
plus de trois cens livres de faux frais au
victorieux. Si avant que l'affignation fût

donnée, ces deux Eccléfiaftiques s'étoient réunis pour prendre à l'amiable les éclair-ciffemens coûteux, qui ont précédé le Ju-gement ; fi ils euffent commencé par exa-miner la pofition de l'arbre, confulté les anciens Habitans, vû les Titres, ils auroient pû faire juger cette queftion pour 24 liv. ou plutôt ils n'auroient pas eu de procès. Pour peu que la queftion leur eut paru dou-teufe, ils auroient partagé l'arbre. Combien d'autres exemples on pourroit citer, où les Parties ont été ruinées par les frais de l'inf-truction qu'elles auroient pû faire avant de plaider !

Pour appuyer encore tout ce que je viens de dire d'une autorité, je rapporterai ce que difoit un fage de ce fiécle, [1] dans un dif-cours public.

,, Je fuppofe qu'on vous demande contre

---

[1] M. Jean Barbeyrac, Profeffeur en Droit & en Hif-toire au Collége de Lauzanne, auquel nous devons la traduction du Droit de la Nature & des Gens, & des de-voirs de l'Homme & du Citoyen, par le Baron de Puffen-dorff, & des notes fçavantes fur ces deux Ouvrages.

,, tout droit & raifon ce qui vous appar-
,, tient le plus légitimement, le plus incon-
,, teftablement. Ah ! perdez plutôt, autant
,, que vous le pouvez, fans une incommo-
,, dité confidérable, fans quelque fâcheux
,, inconvénient ; cedez, facrifiez quelque
,, chofe plutôt que d'appeller quelqu'un en
,, Juftice, ou de vous y laiffer appeller
,, vous-même. Il en eft des procès comme
,, de la guerre, la néceffité feule peut jufti-
,, fier ceux qui s'y expofent : quand je penfe
,, à la facilité avec laquelle tant de gens
,, vont plaider fouvent pour des bagatelles,
,, je ne fçais ce qui doit le plus m'étonner
,, en eux, ou le peu d'attention à leurs
,, devoirs, ou le peu de foin de leurs véri-
,, tables intérêts. Qu'eft-ce qu'un Plaideur ?
,, Envifageons-le par le plus beau côté.
,, Laiffons à quartier la mauvaife foi, l'ef-
,, prit de chicane, les voyes obliques, les
,, artifices mis en ufage pour prévenir
,, ou pour corrompre les Juges : pofons un
,, homme qui croit être bien fondé, & qui

,, l'eft effectivement, qui ne veut que main-
,, tenir & pourfuivre fon droit par des voyes
,, légitimes. Qu'eft-ce qu'un Plaideur con-
,, fidéré de ce point de vûe ? C'eft un hom-
,, me qui ne peut gueres être dans une af-
,, fiette tranquille. Le mauvais procédé de
,, fa Partie l'irrite ; plus il a raifon , plus il
,, conçoit d'aigreur contre elle, contre tous
,, ceux qui s'intéreffent pour elle , contre
,, tous ceux qui ont avec elle quelque liai-
,, fon , quelque relation. C'eft un homme
,, qui quitte fes affaires , fes occupations
,, les plus utiles , les plus agréables , pour
,, effuyer bien de la peine , bien des fati-
,, gues, bien des rébuts, bien des chicanes,
,, bien des chagrins , bien des dépenfes :
,, le tout fans fçavoir , ni combien cela du-
,, rera, ni s'il gagnera fa caufe , quelque
,, jufte qu'elle foit , & fi il obtiendra enfin
,, un dédommagement qui, tout bien com-
,, pté , n'égale jamais ce qu'il en coûte.
,, Que fi par hazard on lui rend juftice ,
,, voilà toujours une fource funefte de hai-

,, nes, d'animofités, d'inimitiés, qui fe
,, perpétuent quelquefois entre les familles
,, de génération en génération, & d'où il
,, naît une infinité de maux.

,, Il me femble, continue-t-il, entendre
,, quelqu'un qui fe recriera fur le réfultat
,, de tout mon difcours : fi cela va ainfi,
,, il faut réformer les Palais & abattre les
,, Tribunaux de Juftice, plus de Juges,
,, plus d'Affeffeurs, plus d'Avocats, plus
,, de Procureurs, plus de Greffiers, plus
,, d'Huiffiers, plus d'autres tels gens, qui
,, ne font occupés, qui ne vivent que de la
,, liberté qu'on croit avoir toujours de pro-
,, fiter du bénéfice des Loix, que de l'em-
,, preffement avec lequel on y a recours.
,, L'objection paroît forte ; mais tout ce
,, que je trouve ici de fâcheux, c'eft qu'elle
,, ne le foit pas affez au gré même de ceux
,, qui la font tacitement, & qu'on ne puiffe
,, pas fe flatter que le cas qu'elle fuppofe
,, arrive jamais. Oui, plût à Dieu que les
,, hommes devinffent affez fages pour ren-

,, dre inutiles toutes les profeſſions , tous
,, les emplois, tous les établiſſemens qui ne
,, ſont fondés que ſur leurs folies ! Plût à
,, Dieu qu'on vît naître un ſiécle d'or , où
,, chacun ſoigneux de n'offenſer perſonne ,
,, de ne faire du tort à perſonne , empreſſé
,, au contraire à faire du bien à quiconque
,, en auroit beſoin, fût diſpoſé à pardonner
,, les fautes d'autrui , à agir avec tout le
,, monde de la même maniere qu'il ſouhai-
,, teroit qu'on en uſât envers lui , à em-
,, braſſer, à chercher tous les moyens poſſi-
,, bles d'éviter un différent , ou de le ter-
,, miner au plutôt & à l'amiable ! Mais raſſu-
,, rez-vous , vous qui êtes allarmés de la
,, ſeule penſée d'une ſi heureuſe révolution ,
,, que vous regarderiez comme fatale à vo-
,, tre fortune. Il n'y aura toujours que trop
,, de gens querelleux & chicaneurs qui ré-
,, duiront les plus pacifiques à la néceſſité
,, d'employer malgré eux les voyes de la
,, Juſtice ; l'amour propre, l'intérêt, les
,, paſſions des hommes vous ſont un bon
,, garant

,, garant de vos revenus. Souffrez feule-
,, ment que le peu de perfonnes qui ont à
,, cœur leur devoir & leur repos évitent,
,, autant qu'il leur eft poffible, d'avoir af-
,, faire de vous, & qu'il leur foit permis de
,, renoncer à leurs avantages.

Il y auroit un moyen bien digne de la
bonté du Roi, de prévenir au moins moitié
des procès & des abus qui ruinent fon pauvre Peuple, furtout les Habitans de la Campagne, qui font dupes de la mauvaife foi
& de l'avidité des Praticiens, auxquels ils
font obligés de donner leur confiance. En
attendant que Sa Majefté puiffe s'acquitter
de l'obligation reconnue par Louis XIV,
& par tous les Rois fes Prédéceffeurs, de
rendre gratuitement la juftice à fes Sujets, [1]

La juftice doit être rendue gratuitement. L'ufage des
fiécles précédens a néanmoins introduit en faveur des Juges quelque attribution au-delà des gages que nous leur
avons accordé, dont nous avons intention de nous charger
à l'avenir, lorfque l'état de nos affaires le permettra. Cependant nous avons réfolu d'y pourvoir par un tempérament raifonnable.

Préambule de l'Edit de 1673, pour les épices & vacations,
& frais de Juftice.

E

& que l'état de ſes affaires lui permette de ſe charger des ſalaires & vacations de ceux qui y ſont employés. Il y auroit un tempérament par lequel elle ne feroit aucun tort à qui que ce ſoit, & répandroit un grand bien. Il s'agiroit d'établir dans chaque Généralité un ou deux Juris-Conſultes, dont la probité & l'expérience ſeroient connues, pour donner gratuitement, chacun dans un certain arrondiſſement, des conſeils aux gens de la campagne ſur leurs affaires, concilier leurs différens, dreſſer les comptes, partages, faire toutes les liquidations & opérations qu'on voudroit faire à l'amiable, ou du moins indiquer les moyens de les faire avec moins de frais. Ce feroit un Arbitre qui n'exerceroit qu'une Juriſdiction volontaire, un miniſtre de paix & de vérité, qui dicteroit à cette portion précieuſe du genre-humain la conduite qu'elle doit tenir, lui expliqueroit les Loix qui la concerneroient, donneroit ſon avis ſur les procès entrepris & à entreprendre ; les Parties ſe-

roient libres de fuivre ou de ne pas fuivre
ces avis; un feul de ces Arbitres, laborieux
& appliqué, pourroit fuffire pour plufieurs
Elections de la même Généralité ; ces places feroient à la nomination du Roi , & ne
pourroient être remplies que par des Avocats qui auroient exercé au moins dix ans
avec honneur leur profeffion ; qui join-
droient à la fcience des Loix l'expérience
des affaires ; un efprit droit & conciliant.

Au moyen des honoraires qui leur feroient attribués , il leur feroit défendu
expreffément de rien recevoir , ni en argent ni en préfens , quoiqu'offert volontairement , fous quelque prétexte que ce
foit ; il n'y a qu'un défintéreffement entier
qui puiffe leur faire accorder la confiance.
L'Intendant de Juftice , Police & Finances
du Département recevroit & connoîtroit
des plaintes qui pourroient être faites de
leur négligence ou de leur inexactitude à
remplir leurs devoirs , & ils feroient def-
titués , lorfqu'ils en feroient convaincus.

Les honoraires de ces places pourroient
être affignés, ou fur quelque Bénéfice de
la Province, (quelle fondation plus pieufe
& plus généralement utile !) ou fur des fommes deftinées dans chaque Généralité à
fubvenir aux frais de Juftice & Police, &
& au foulagement des Peuples. Quel plus
grand bien peut-on leur faire ! Quel foulagement plus réel peut-on leur accorder;
que de leur procurer les moyens d'entre-
tenir la paix & l'union, & de leur éviter
les inquiétudes, les dépenfes & les fuites
fi funeftes des procès ? Quand même ces
honoraires feroient répartis fur les différentes Paroiffes de l'arrondiffement, l'impofi-
tion feroit infenfible. Pour moins de cinq
fols par an chaque particulier pourroit avoir
toujours un confeil pour fes affaires. Combien de frais ne leur épargneroit- on pas ?
S'il y a quelques Avocats célébres dans les
Provinces, on rédoute l'entrée de leur ca-
binet.

Non licet omnibus adire Corinthum.

Les Habitans des campagnes craignent de faire les frais d'une Confultation, comme ils craignent d'appeller un Médecin dans leurs maladies.

Cet établiffement feroit des effets plus prompts, plus fûrs que tous les Réglemens qu'on pourroit faire pour l'adminiftration de la Juftice. La prudence n'eft jamais fi prompte à imaginer de nouvelles précautions, que la friponnerie à les éluder ; pour guérir les maux, il faut les prendre à l'origine. Je vois par les procès que j'ai empêchés ou arrêtés pendant le peu de temps que je paffe à la campagne, le bien que pourroit faire une perfonne qui feroit occupée entierement de ce foin. Il pourroit faire plus de bien que deux cens font de mal. Lorfqu'on viendroit le confulter, il ne flateroit pas les paffions des Plaideurs, mais il leur diroit toujours la vérité, qu'il n'auroit jamais intérêt de taire ou de diffimuler. Lorfque leurs prétentions feroient fondées, il les engageroit à épuifer,

E iij

avant d'actionner en Justice , toutes les
voyes de douceur & de civilité , toutes les
démarches & les bons procédés auprès de
leurs Parties adverses. Il se chargeroit même
du soin de sçavoir leurs raisons ; il tâcheroit
toujours de les porter à se rendre justice à
l'amiable. Il n'y auroit pas d'emploi plus
noble , plus satisfaisant pour un honnête
homme , & plus utile à la Patrie. [1]

---

[1] La meilleure Loi, le plus excellent usage, le plus
utile que j'aie jamais vû, c'est en Hollande. Quand deux
hommes veulent plaider l'un contre l'autre, ils sont obligés
d'aller d'abord au Tribunal des Juges-Conciliateurs, ap-
pellés faiseurs de paix. Si les Parties arrivent avec un Avocat & un Procureur, on fait d'abord retirer ces derniers,
comme on ôte le bois d'un feu qu'on veut éteindre. Les
faiseurs de paix disent aux Parties : Vous êtes de grands
fols de vouloir manger votre argent à vous rendre mutuelle-
ment malheureux. Nous allons vous accommoder, sans
qu'il vous en coûte rien. Si la rage de la chicane est trop
forte dans ces Plaideurs, on les remet à un autre jour, afin
que le temps puisse adoucir les symptômes de leurs maladies.
Ensuite les Juges les envoyent chercher une seconde & une
troisiéme fois. Si leur folie est incurable, on leur permet
de plaider, comme on abandonne au fer des Chirurgiens
des membres gangrénés. Alors la Justice fait sa main.

Il n'est pas nécessaire de faire de longues déclamations,
ni de calculer ce qui reviendroit au genre-humain, si cette
Loi étoit adoptée.

*Lettre de M. de Voltaire, sur un usage très-utile établi en
Hollande.*

Henri IV. avoit conçu le deſſein d'un établiſſement à peu près pareil, & l'avoit même ordonné par un Arrêt de ſon Conſeil du 6 Mars 1610. On voit que ce bon Roi, mû d'une affection charitable & paternelle envers ſon paüvre Peuple, & voulant procurer les moyens d'obtenir juſtice aux Veuves, Orphélins, pauvres Gentilhommes, Marchands, Laboureurs, & généralement à tous ceux qui ſeroient dépourvûs de conſeil ou d'argent, ou de l'un & de l'autre, ordonna que dans toutes les Cours, tant ſouveraines qne ſubalternes, il ſeroit commis des Avocats & Procureurs pour les Pauvres, en tel nombre qu'il ſeroit aviſé en ſon Conſeil, ſelon la grandeur & néceſſité de chaque Cour ou Siége, leſquels ſeroient tenus d'aſſiſter de leur conſeil, induſtrie, labeur & vacation, tous ceux de la ſuſdite qualité, ſans prendre d'eux aucune choſe, tant petite fût-elle, & ſous quelque prétexte que ce fût, à peine de concuſſion, ſe contentans de leurs ſimples

gages , falaires & prérogatives qu'il plaairoic
à Sa Majefté attribuer auxdits Avocaurs &
Procureurs, qui feroient mis & choifis conmme
plus capables & gens de bien , & entrrete-
nus auxdites Charges , tant qu'ils y ferooienc
leur devoir. La mort imprévue de ce Monarque , qui furvint le quatorze Mai fui-
vanc , arrêta l'exécution de ce louable deſ-
fein , qui a fans doute été réfervé à Loouis
LE BIEN-AIMÉ.

Lorfque j'ai communiqué ces réfléxioons,
& mes idées fur les moyens d'empêcher les
Sujets du Roi de fe ruiner , & de regzler
d'une autre maniere les frais de Jufticze ,
on a été obligé de convenir en général de
l'avantage qui en réfulteroit. Mais quelquues
perfonnes n'ofant oppofer leur intérêt paar-
ticulier , ont prétendu que ces idées , quioi-
que bonnes , ne feront pas adoptées ; leeur
raifon eft de dire qu'une grande partie dles
revenus du Roi feroit confidérablément di-
minuée par ces réformes ; qu'en tarifiainc
la fource des procès , on tarit la fource dies

produits de la Ferme du papier & parchemin timbré , du Contrôle des dépens , &
de tous les autres droits impofés fur les
frais de Juftice, qu'en abrégeant l'inftruction
des conteftations , la rendant plus fimple ,
le miniftere d'un grand nombre d'Officiers
ou Suppôts de Juftice deviendroit inutile ;
que les vacations & les épices des Juges
diminueroient à proportion ; que les intérêts du Roi , des Juges & de tous les Miniftres de la Juftice fe tiennent par une
chaîne qu'il n'eft pas aifé de rompre ;
c'eft-à-dire , qu'en affociant pour ainfi dire
le Roi & les Magiftrats à leurs dépradations,
ils fe flattent que ce fera un motif fuffifant
pour ne les pas réprimer.

Je ne crois pas devoir répondre à un pareil motif, qui eft trop injurieux à la Juftice
& à la bonté du meilleur des Rois, fécondé
par des Miniftres bien-faifans & bien-vou-
lans. Si on peut fe fervir de ce terme figni-
catif , pour qu'il puiffe jamais entrer en
confidération , lorfqu'il s'agira du bien gé-

néral , c'eſt comme ſi on penſoit que Sa Majeſté encouragera les crimes , parce que la condamnation des Criminels occaſionne des confiſcations ou des amendes à ſon pro- fit , ou qu'il récompenſera des Médecins ignorans , qui feroient mourir beaucoup de Citoyens , parce qu'ils occaſionneroient l'ex- tinction des rentes viageres ou des droits de centiéme denier dans les Succeſſions col- térales. Le papier timbré , le contrôle , & tous les autres droits ont été établis pour ſubvenir aux beſoins de l'Etat , & non pour que l'Etat leur ſoit ſacrifié. Moins on em- ployera de papier & parchemin timbré , plus on conſommera de ſel , de tabac , & de toutes les autres denrées , plus la popu- lation augmentera , plus l'Agriculture ſera floriſſante , plus les impôts ſeront payés fa- cilement.

A l'égard des Magiſtrats, ſi il y en a quel- ques-uns qui , plus ſenſibles à l'argent qu'à l'honneur, [1] regretteroient de voir dimi-

nuer le profit de leurs Offices , en voyant
augmenter le bonheur des Peuples. On peut
affurer que le plus grand nombre gémit fur
les abus , & donneroit bientôt l'exemple
d'un défintéreffement entier , en renonçant
volontairement à leurs épices & vacations ;
qu'ils feroient fatisfaits d'un prix bien plus
digne de leurs travaux , l'eftime & la confiance du Souverain , le refpect & la confidération des Peuples, qui font le lot du Magiftrat. [1]

M. Dagueffeau, dans une mercuriale à la S. Martin en
1700, en parlant du Magiftrat devenu avide d'affaires. *Premier volume, page 80.*
  » Que peut-on penfer, difoit-il , lorfqu'on le voit in-
» différent pour les fonctions honorables de la Magiftra-
» ture , en remplir les devoirs utiles , avec une exacte,
» mais fervile régularité ? Si ce n'eft que , comme un vil
» mercénaire, il mefure fon travail à la récompenfe qu'il
» en reçoit. Créancier importun de la République, il ignore
» la douceur de cette gloire fi pure que l'homme de bien
» trouve à pouvoir compter la Patrie au nombre de fes
» débiteurs ; il veut que chaque jour, chaque heure, cha-
» que moment lui apporte le falaire de fes peines. Mal-
» heureux de fe croire ainfi payé de fes travaux , & vérita-
» blement digne de n'en recevoir jamais qu'une fi baffe
» récompenfe.
  [1] Il y a un lot pour chaque profeffion. Le lot de ceux
qui levent les tributs eft les richeffes , & la récompenfe de

[76]

Quant aux miniſtres inférieurs de la Juſtice, moins il y aura de gens employyés à vivre aux dépens des autres, plus il en reſtera dans les campagnes pour les cultivver.

,, Il n'y a pas, dit un célébre Magiſtſtrat,
,, Philoſophe & Citoyen, [1] aſſez de Laboureurs, où il y a des terres en frichhes,
,, où l'Etat aſſez riche par lui-même p pour
,, exporter ſes productions naturelles, , importe ſouvent celles de l'Etranger qu'il
,, pourroit fournir. L'excès n'eſt poinnt à
,, craindre dans une profeſſion qui nowurrit
,, les autres, qui apporte continuellemnent
,, des valeurs réelles dans l'Etat. Mais il il eſt
,, dangereux dans toutes celles qui ne créeant
,, aucune valeur, vivent par celle qui i les
,, crée.

---

ces richeſſes, ſont les richeſſes même. La gloire & l'honneur ſont pour cette Nobleſſe qui ne voit, qui ne ſent de vrai bien que l'honneur & la gloire ; le reſpect & la conſidération ſont pour les Miniſtres & les Magiſtrats, qqui ne trouvant que le travail, après le travail, veillent nuuit & jour pour le bonheur de l'Empire. *Eſprit des Loix.*

[1] M. Caradeuc de la Chalotais, Procureur-Gérénéral au Parlement de Bretagne. *Eſſai d'éducation nationale.*

,, L'inſtruction des procès , dit-il enſuite,
,, exige-t-elle ce nombre incroyable d'Offi-
,, ciers & Suppôts de Judicature , qui dé-
,, ſolent les Habitans des Villes & des Cam-
,, pagnes ?

Que je m'eſtimerois heureux ſi je pouvois contribuer au bonheur de mes Concitoyens ; ſi quelqu'une des idées , que le dé-
ſir de leur être utile, m'a ſuggerées, pouvoit
être adoptée. Je n'aſpire pas à la réputation
de bien écrire : je ſerois bien plus flatté ſi
je pouvois perſuader. [1] Je crois avoir
parlé raiſon , j'ai dit la vérité, j'ai averti
les hommes de leurs véritables intérêts, &
même de leurs devoirs. Je leur ai dénoncé

---

[1] Le Philoſophe conſume ſa vie à obſerver les hommes : il uſe ſes eſprits à en démêler les vices & le ridicule ;
ſi il donne du tour à ſes penſées, c'eſt moins par vanité
d'Auteur, que pour mettre une vérité qu'il a trouvée dans
tout le jour néceſſaire pour faire l'impreſſion, qui doit ſervir
à ſon deſſein. Quelques Lecteurs croyent néanmoins le payer
avec uſure, quand ils diſent magiſtralement qu'ils ont lû
ſon Livre, qu'il y a de l'eſprit ; éloges qu'il mépriſe. Il demande un meilleur ſuccès, qui eſt de rendre les hommes
meilleurs. *Caracteres ou mœurs du Siécle , par la Bruyere.*

des abus : je leur ai fait voir les dangers ;
c'eſt à eux de s'en garantir. Mais la Morale eſt, comme la Médecine, beaucoup
plus ſûre dans ce qu'elle fait pour prévenir
les maux, que dans ce qu'elle tente pour
les guérir. Le plus ſûr moyen de prévenir
les procès, c'eſt de rendre les hommes
juſtes.

SECONDE PARTIE.

LES hommes font ce qu'on les fait par l'éducation, qui n'eft autre chofe que l'art de former & habituer les enfans à penfer & agir comme on veut qu'ils penfent & agiffent étant hommes. On peut donc dire que l'éducation eft la fource de tout le bien, ou de tout le mal moral, & qu'elle mérite toute l'attention du Gouvernement. Les Magiftrats établis dans les Cours Souveraines pour veiller à tout ce qui concerne l'ordre public, convaincus de cette vérité, fe font occupés depuis plufieurs années de cet objet intéreffant. Ils ont fait voir la néceffité de réformer l'Inftitution de la Jeuneffe, & de

fubftituer à une éducation, qui n'eft propre
que pour l'Ecole ou pour le Cloître, une
éducation qui forme des fujets pour l'Etat,
ils ont indiqué des moyens, propofé des
plants, dont on ne peut que défirer l'exécution. Les Hommes feroient infailliblement
meilleurs, s'ils étoient mieux inftruits.

C'eft fous ce point de vue que je veux
confidérer l'éducation. Le moyen de rendre
les Hommes juftes eft de leur donner des
idées de juftice. La juftice eft une volonté
conftante de rendre à chacun ce qui lui appartient, & l'art de connoître ce qui appartient à chacun s'appelle Jurifprudence.
De toutes les Sciences qu'on communique
à la jeuneffe, il n'en eft pas de plus néceffaire & de plus utile, après celle de la Religion, avec laquelle elle eft liée. C'eft cependant la plus généralement négligée; elle
eft même tombée dans une efpece de mépris, parce qu'on la confond avec les a-
bus, avec cet art affreux de la chicane que
j'ai dépeins dans ma premiere Partie, dont

elle

elle eſt auſſi différente que les ténébres de
la lumiere. On dit communément dans le
monde que la Juriſprudence eſt incertaine
& intéreſſée ; que les choſes les plus claires
deviennent obſcures au Palais ; qu'elle n'eſt
bonne que pour les Officiers de Juſtice ;
qu'elle rend l'eſprit difficile & formaliſte.
Mais c'eſt mal juger d'une choſe que d'en
juger par les abus & déſordres qui s'y ſont
introduits ; comme ſi les choſes les plus
ſaintes, la Religion même, n'étoient pas
ſujettes aux abus ; non à la vérité par elles-
mêmes, mais par l'uſage qu'on en peut
faire. Il eſt bon d'obſerver que ces abus
naiſſent preſque toujours de l'ignorance. Le
fanatiſme & la ſuperſtition ſe ſont introduits
dans la Religion , & en ont ſouvent pris la
place dans les ſiécles d'ignorance ; les miniſtres de la Religion l'ont ſouvent fait ſervir à leurs paſſions. Doit-on s'étonner que

F

les défordres s'introduifent dans l'admminif-
tration de la Juftice par les paffions dte fes
miniftres ? Le feul moyen de remédiicer à
ees défordres, c'eft d'inftruire les honnmes
de leurs devoirs, qui leur font diétés par
les Loix. Moïiis il y aura d'ignorans, mmoins
il y aura de dupes. Plus on eft élevé en digrnité,
plus on a de biens, plus on a de rappjorts
avec les autres hommes, plus par coinfé-
quent on a de devoirs. Cependant, fuïvant
l'éducation actuelle, les perfonnes d'ijune
grande condition, les Gentilshommes ,, &
toutes les Perfonnes riches n'ont aucune
connoiffance des Loix.

Nous avons des Écoles de Droit deftinées
principalement à former les jeunes gens cqui
doivent remplir des places dans la Robe; on
y prend des dégrés qui doivent être dtes
titres ou des témoignages de fcience. Miais
combien d'abus fe font encore gliffés dans

cette inftitution ! Qui ne fçait que ces dégrés s'obftiennent après un certain nombre d'inf- criptions fur le Regiftre d'un Profeffeur qui donne des leçons aux bancs de fa claffe, qui n'exige ni affiduité, ni étude, qui ne connoît pas plus fes écoliers, que ceux-ci ne le connoiffent ! Tel fait fon droit, qui eft quelquefois à cinquante lieües du Pro- feffeur, dont il eft cenfé recevoir les leçons. On donne des Lettres de Licence, c'eft- à-dire, des témoignages de fcience des Loix à un homme qui n'en fçait pas les premiers principes. Cependant ce Licentié obtien- dra le titre d'Avocat, & ira compromettre la fortune des Citoyens, en leur donnant des confeils. On achetera une Charge de Judicature, qui lui donnera le droit de prononcer, non-feulement fur la fortune, mais encore fur la vie des hommes.

Les jeunes gens qui ne font pas deftinés

par leur fortune à remplir des Charges de
Magiftrature, font envoyés en fortant du Collége chez des Procureurs pour y apprendre
les affaires. Là, leur occupation eft d'écrire
continuellement les procédures qui fe font
chez ces Procureurs. On ne leur donne aucuns principes, aucunes leçons pour pouvoir connoître le but, les regles & l'utilité
de ces procédures : ils écrivent fans fçavoir
ce qu'ils écrivent, fans aucune fuite ni réfléxion. Ceux qui ont acquis un peu de goût
& de raifonnement dans leurs études con-
çoivent, pour ce qu'ils font forcés de faire,
le mépris & l'horreur qu'il mérite ; le plus
fouvent les autres qui n'ont point étudié,
faifant réfléxion que les Procureurs chez
lefquels ils demeurent, fortis comme eux
de leur Village, ont trouvé le moyen de
faire dans cette profeffion une fortune confidérable, font animés par cette perfpective

& préfèrent cet état à celui de leur père. Ils achetent une Charge à Paris, ou ils vont infecter les Provinces de leur fcience pernicieufe. Telle eft en général la maniere d'apprendre la Jurifprudence & les Loix. Elle n'eft pas, on en convient, capable d'en donner une grande idée, ni d'en infpirer le goût. Il n'y a que ceux qui efpérent en retirer du profit qui la cultivent, pour s'enrichir de l'ignorance & des fottifes des autres ; & c'eft fans doute ce qui a fait dire qu'elle eft incertaine & intéreffée.

Pour rendre à cette fcience tout le luftre qu'elle mérite, & en retirer toute l'utilité qu'elle doit procurer, il feroit néceffaire de réformer les Ecoles de Droit, ou de veiller à l'exécution de leurs réglemens.

Il y a dans ces Ecoles plufieurs Profeffeurs en Droit Romain, & un feul Profeffeur en Droit François. Il faudroit au contraire plufieurs Profeffeurs en Droit François , & un feul Profeffeur en Droit Romain. Les Pro- feffeurs en Droit François enfeigneroient le Droit commun de la France , compofé des Loix Romaines qui ont rapport à nos mœurs , & qui font adoptées par notre Ju- rifprudence des Coutumes & des Ordon- nances des Rois ; ils expliqueroient en lan- gue Françoife les Loix Romaines , & ap- prendroient aux jeunes gens à en pénétrer l'efprit, & à en faire l'application. Ils pour- roient prendre pour modele la maniere de M. Domat , qui eft parvenu par l'ordre , dans lequel il a rangé les Loix , à en ren- dre l'étude plus facile , plus utile & plus agréable. Au lieu des Actes publics qu'on nomme Thefes , dont les argumens font toujours communiqués , où les jeunes gens difputent fur des chofes qu'ils n'entendent pas , il les exerceroient à faire des differta-

tions fur des fujets propofés , dont ils fen-
tiroient l'importance & l'utilité; ne leur ac-
corderoient des Lettres de Licence qu'a-
près qu'ils auroient fubi plufieurs examens
rigoureux fur les principes , & qu'ils auroient compofé plufieurs Confultations fur
des queftions de Droit qui feroient données
à réfoudre. On enfeigneroit de même les
Loix Eccléfiaftiques de France, & les principes fur les libertés de l'Eglife Gallicane,
que tout François doit connoître & défendre. On pourroit même diftribuer des prix
pour exciter l'émulation. Les jeunes gens
qui fortiroient de ces Ecoles , mériteroient
alors d'afpirer à la qualité de Jurifconfultes , ou d'être admis aux Charges de la
Magiftrature. On ne verroit pas le Barreau
fe peupler tous les ans d'Avocats Praticiens, qui trouvent bonnes toutes les affaires qui leur font utiles. Ceux qui auroient

été formés à l'Etude réfléchie des Loix, feroient tranquilles au milieu des paffions des Cliens ; ils ne deviendroient jamais les inftrumens ou les organes de leur colere & de leur haine ; ils ne facrifieroient pas les devoirs les plus facrés , l'honneur & la ré-putation des Citoyens , fouvent même de leurs Parties , à l'envie de briller par leur efprit , à la gloire d'élever & de faire juger des queftions neuves.

A l'égard des jeunes gens qui ne feroient pas deftinés à la Magiftrature , comme les jeunes gens de condition , les Gentilshommes qui doivent remplir des places éminentes , des emplois politiques ou militaires , il ne feroit pas moins néceffaire de leur donner une connoiffance des Loix , mais d'une ma-niere différente. Tous les hommes ne font pas obligés d'être Jurifconfultes : tous doi-vent être Citoyens.

Il feroit à défirer qu'en faifant dans les Colléges les réformes propofées par les Magiftrats, on confacrât la partie des Etudes, qu'on nomme Philofophie, à apprendre aux jeunes gens les devoirs qu'ils doivent remplir étant hommes.

On définit la Philofophie, l'amour de la fageffe. Mais ce qu'on enfeigne dans les Colléges fous ce nom, a-t-il quelque rapport à cette définition ?

,, Des Maîtres habitués aux fubtilités
,, Scholaftiques, dit M. de la Chalotais,
,, y exercent les jeunes gens qui contractent
,, l'habitude de difputer & de chicaner.
,, Il y en a qui dans le refte de leur vie
,, femblent toujours être fur les bancs de
,, l'Ecole.

,, Le plus grand vice de l'éducation,
,, continue-t-il, eft le défaut abfolu d'inf-
,, truction fur les vertus morales & politi-

,, ques. Notre éducation ne tient point à
,, nos mœurs, comme celles des anciens.
,, Après avoir effuyé toutes les fatigues &
,, & l'ennui des Colléges, la jeuneffe
,, fe trouve dans la néceffité d'apprendre
,, en quoi confiftent les devoirs communs
,, à tous les hommes ; elle n'a reçu aucuns
,, principes, pour juger des actions, des
,, mœurs, des opinions, des coutumes ;
,, elle a tout à apprendre fur des articles
,, fi importans. On lui infpire une dévotion
,, qui n'eft que l'imitation de la Religion,
,, des pratiques, pour tenir lieu de vertus,
,, & qui n'en font que l'ombre.

Un autre Magiftrat auffi zélé pour le
bien public, [1] s'eft élevé pareillement

---

[1] M. Guyton de Morveau, Avocat - Général du Roi
au Parlement de Bourgogne. *Mémoire fur l'éducation publique.*

contre ces abus & a propofé des moyens
d'y remédier. I. a démontré la néceffité
d'enfeigner la Philofophie en Langue Françoife, de profcrire ce qu'on appellé la Scho-
laftique, & de comprendre dans la morale
les devoirs de la Loi naturelle, le Droit
de la Nature & des Gens, les premiers
principes du Droit Public national : en un
mot des regles de conduite & des vérités
qui puiffent réellement influer fur les mœurs.
Mais la raifon reclame long-tems contre
les préjugés : avant qu'ils foient détruits,
on fuit toujours la route frayée par l'habitude.

En attendant ces réformes fi défirables
dans l'inftitution publique de la jeuneffe,
les parens riches & qui feront foigneux de
donner à leurs enfans une bonne éducation,
pourront y fuppléer par une inftitution par-
ticuliere, qui fera toujours préférable pour

cette partie. Lorfque leurs enfans feront parvenus à cet âge, où l'efprit s'ouvre à la certitude, où ils commencent à réfléchir, où le cœur reçoit fa forme & fon caractere. Alors ils ne peuvent trop prendre de précautions pour leur procurer des connoiffances qui puiffent influer fur leur bonheur, & fervir à régler leur conduite. Au lieu du Cours de Philofophie des Colléges, qui eft plus nuifible que profitable, dans lequel on mene les jeunes gens à l'erreur par le délire de l'orgueil, ils tâcheront de fubftituer un Cours de véritable Philofophie. Il fera queftion de trouver pour cela un Maître habile, mais point pédant, d'une fcience moins profonde qu'aifée & communicative, qui auroit acquis par l'expérience des affaires & l'ufage du monde la connoiffance des hommes. Ce Maître, à l'exemple des anciens Philofophes, apprendroit aux jeunes gens, en très-peu de temps, l'art de raifonner jufte, en leur expliquant dans un langage clair & intelligible les principes & les regles du raifonnement. Il les feroit enfuite paffer à la Métaphyfique & à la Morale, qui eft la partie la plus effentielle de la Philofophie. Elle confifteroit plutôt dans des préceptes de pratique, que de fpéculation. Il pourroit prendre pour texte de fes inftructions le Livre intitulé *les devoirs de l'Homme & du Citoyen*, qui eft un abrégé de celui du Droit de la Nature & des Gens, par le Baron de Puffendorff, & qu'on peut regarder comme un fyftême méthodique de la fcience des mœurs, qui apprend à juger des actions humaines en général, à connoître les devoirs de l'homme envers Dieu, les devoirs de l'homme par rapport à lui-même, & les devoirs mutuels des hommes; l'obligation de fe regarder les uns les autres

comme naturellement égaux ; les offices
communs de l'humanité ; les devoirs réci-
proques des pères, des mères & des enfans ;
la formation des sociétés civiles & de leurs
Loix. Après avoir mis en évidence les principes, il en déduiroit tout le détail de la
Morale de la Loi Naturelle, du Droit Poli-
tique, du Droit des Gens, & du Droit
Civil. Il ne tenteroit pas le projet chimé-
rique de faire des hommes sans passions ;
il se contenteroit de leur apprendre à les
regler & diriger suivant les Loix divines &
humaines, pour leur bien & celui de la So-
ciété ; il leur feroit voir dans leurs devoirs
le principe & le fondement de leurs droits ;
il ne manqueroit pas de leur faire remar-
quer que les mœurs sont de tout pays &
de toute Religion ; que la nature a gravé
dans le fond de nos cœurs la justice, la
vérité, la bonne foi, l'humanité, la bonté,

la décence ; que ces qualités font auffi effen-
tielles à l'homme, que la raifon. Il leur feroit voir dans les Ouvrages des Payens,
qui n'étoient pas excités par les motifs fur-
naturels de la révélation, des vérités fubli-
mes, & l'amour le plus pur de la vertu.

,, L'homme ne fuit pas, dit encore M.
,, de la Chalotais qu'on ne peut fe laffer
,, de citer, invariablement fes principes,
,, mais celui qui n'en a pas ou qui en a
,, de mauvais, agira fûrement & prefque
,, toujours mal ; celui qui a des connoiffan-
,, ces folides ne fera pas toujours le bien,
,, mais il le fera plus fouvent, il y reviendra
,, plus aifément. C'eft un état violent que
,, d'être toujours en contradiction avec foi-
,, même. La lumiere conduit ordinairement
,, à la vertu ; les ténébres & l'ignorance
,, conduifent au vice.

On entremêleroit ces leçons, qu'on ta-

cheroit cependant de rendre utiles, par des
leçons de Phyſique, qui ne conſiſteroient
pas en argumens ſur la d'finition de cette
Science, ſur l'eſſence de la matiere, mais
en obſervations accompagnées d'expérien-
ces, d'explication, & d'application aux
uſages ordinaires de la vie, & aux Arts &
Métiers, ſuivant la Méthode de M. l'Abbé
Nollet, qui eſt la plus parfaite qu'on puiſſe
ſuivre, par laquelle il a trouvé le moyen
de mettre cette Science à la portée de tout
le monde, & d'en faire l'occupation la plus
agréable & la plus inſtructive. Il ſeroit à
déſirer que la Morale fût traitée de la même
maniere ; elle en eſt également ſuſceptible.

Si ce Cours de Philoſophie pouvoit être
fait à la campagne, les jeunes gens en qui
l'imagination eſt plus vive que le jugement,
ſeroient moins diſſipés, les connoiſſances
qu'on voudroit leur communiquer trouvant

moins

moins de contrepoids au-dehors, feroient plus d'effet au - dedans ; la simplicité de la vie champêtre exciteroit moins les passions que le luxe immodéré des grandes Villes. D'ailleurs l'Instituteur auroit occasion de leur faire admirer le Spectacle magnifique de la Nature ; il leur apprendroit à connoître tous les travaux de la campagne, à comparer le produit des différentes espéces de biens, avec les frais de culture & les impôts, dont les Cultivateurs font chargés : tout deviendroit une occasion d'instruction.

Un Cours de Philosophie ainsi dirigé, pourroit être regardé comme un Cours de sagesse humaine. Les jeunes gens qui en sortiroient pour vivre avec les hommes, ne se croiroient pas transportés dans un autre monde. Ils auroient contracté l'habitude de penser & de raisonner. S'ils n'ont pas des

G

connoiſſances profondes, ils auront appris l'art d'en acquérir. Ils ſçauront s'occuper ; ſcience ſi rare & ſi utile à cet âge. Ils feront en état de choiſir une profeſſion, d'en con-noître les devoirs & les remplir. Ils auront des principes ſûrs, des idées claires & diſ-tinctes du juſte, de l'honnête, de tous les devoirs de l'homme. Ces principes & ces idées feront des préſervatifs contre les mau-vais conſeils & les mauvais exemples qu'ils pourront recevoir dans le monde. Si entraî-nés par le torrent ils vouloient ſecouer le joug de la Religion, ou s'en faire une à leur mode, ils conſerveroient au moins les ver-tus morales, qui les rapprocheroient des vertus chrétiennes. Ils aimeront la Patrie, qui dans les Monarchies réſide dans la Per-ſonne Sacrée du Souverain. Ils n'auront d'autre ambition que de lui être utiles ; ils aimeront leurs Concitoyens, feront ſenſi-

bles au plaisir de leur faire du bien. Leur
intérêt particulier ne leur fera jamais ou-
blier les principes de la justice & de l'équité.

Ceux qui rempliroient des places de confiance auprès du Souverain, ou qui com-
manderoient en son nom, tendant tous au
même but, ne se trouveroient jamais en
opposition ; ils ne chercheroient pas à se
détruire les uns les autres, à faire manquer
des entreprises ou des projets utiles ; ne sa-
crifieroient pas la Patrie à des mouvemens
bas d'envie, de jalousie ou d'avarice, qui
ne trouveroient pas de place dans leur es-
prit ni dans leur cœur ; ils auroient surtout
horreur de ces manœuvres, par lesquelles
des gens en place détournent les deniers
publics, qui font la pure substance du peuple, à leur profit particulier, & qui les ex-
posent à des condamnations de restitution
plus flétrissantes que le supplice ; ils ne

feroient point confifter la grandeur & la
gloire dans des dépenfes fans bornes , qui
expofent à l'alternative de manquer à fes
devoirs ou à fes engagemens ; mais ils ré-
gleroient leurs dépenfes fur leurs revenus ,
perfuadés que ne pas payer ce qu'on doit,
n'eft pas moins voler que de prendre le bien
d'autrui. Ils ne mettroient point à un trop
haut prix les fervices qu'ils peuvent rendre
à l'Etat , & qu'ils lui doivent , mais ils feroient plus de cas de la gloire & de l'honneur que de l'argent , qui ne doit être la
récompenfe que des ames viles & mercé-
naires. Ils penferoient que fi il eft déshonorant d'exiger des intérêts ufuraires d'un particulier , il doit être bien plus déshonorant
de les exiger du Roi ou de la Patrie. Enfin
il eft plus que vrai-femblable que des jeunes
gens munis de ces principes , accoutumés
à ces bons fentimens , ne manqueroient pas

de rendre à chacun ce qui lui appartient ;
& n'auroient par conféquent point de procès. Les grands Seigneurs fçauroient traiter
eux-mêmes de leurs affaires, ne s'en rap-
porteroient pas à des Intendans qui les ruinent, & à des gens d'affaire qui compro-
mettent fouvent leur honneur, en leur faifant faire des chofes indignes de leur naif-
fance. Leur confcience, l'humanité, la
bonne foi, préfideroient à leurs confeils. Ils
feroient en état, finon de difcuter les affaires les plus délicates, d'en entendre la dif-
cuffion, & de prendre le parti que leur
dicteroit leur cœur : ils ne souffriroient pas
qu'on abufât fous leur nom des Loix & des
formes pour opprimer le miférable. Le Gentilhomme habitant dans fes Terres, au lieu
de plaider avec fon Curé & fes Vaffaux,
deviendroit leur Arbitre. Il veilleroit à l'adminiftration de la Juftice, dont le facré

dépôt lui eſt confié par le Souverain, & qu'il doit faire exercer à ſa décharge. Il ne la regarderoit pas comme un objet de revenu, ne favoriſeroit pas par avarice les abus & l'impunité des crimes ; ſon exemple entraîneroit ſes parens, ſes amis : ayant reçu une bonne éducation, il la donneroit à ſes enfans. On pourroit eſpérer de voir régner la paix & la concorde, d'où naîtroit la félicité publique.

www.ingramcontent.com/pod-product-compliance
Lightning Source LLC
Chambersburg PA
CBHW071524200326
41519CB00019B/6057